DELIUS KLASING

SCHACH LERNEN

KEN WHYLD

Übersetzung und deutsche Bearbeitung
von Volker Bartsch
Fotos von Philip Gatward

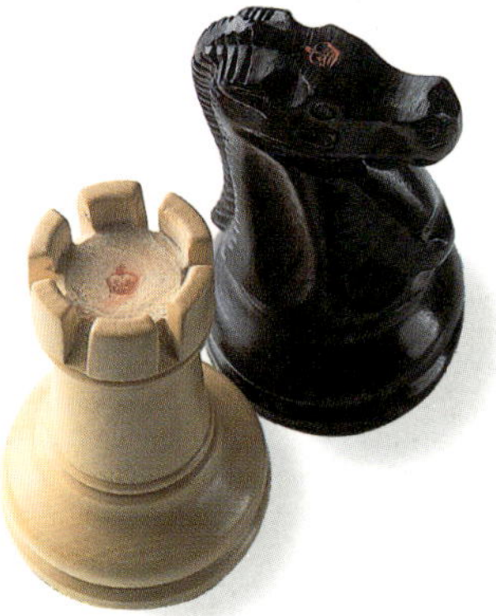

DELIUS KLASING VERLAG

Ein Dorling-Kindersley-Buch
Originaltitel: **Learn Chess in a Weekend**

Die Deutsche Bibliothek – CIP-Einheitsaufnahme

Schach lernen/Ken Whyld.
Übers. und dt. Bearb. von Volker Bartsch. Fotos von Philip Gatward. –
1. Aufl. – Bielefeld: Delius Klasing, 1998
Einheitssacht.: Learn chess in a weekend <dt.>
ISBN 3-7688-1080-1

1. Auflage
ISBN 3-7688-1080-1

Die Rechte für die deutsche Ausgabe liegen beim Verlag
Delius, Klasing & Co., Siekerwall 21, 33602 Bielefeld
Einbandgestaltung: Ekkehard Schonart
Gesamtherstellung: Kunst- und Werbedruck, Bad Oeynhausen
Printed in Germany 1998

INHALT

EINFÜHRUNG

Leicht, schnell und **gründlich** Schach zu lernen – ist das möglich? Das Spiel der Könige hat seit über 1400 Jahren Generale und Soldaten, Wissenschaftler und Arbeiter, Kaiserinnen und Zofen fasziniert, aber bis heute hat niemand die Stufe der höchsten Vollkommenheit erreicht. Trotzdem kann man schnell lernen, wie man Schach spielt. Schon nach der ersten Hälfte dieses Buches kann man damit beginnen. Hier ist alles enthalten, was man wissen muß.

Wenn man schon eine Vorstellung vom Schach hat, sollte man trotzdem alle Lektionen durchgehen, die ersten vielleicht ein wenig schneller, um eventuell vorhandene Unsicherheiten zu klären.

Am Ende des Buches ist man in der Lage, eine passable Partie zu spielen. Dann muß man selbst entscheiden, wieviel Zeit es einem wert ist, seine Spielstärke zu

Hier sehen wir Ken Whyld bei einer Partie mit Cathy Forbes, die zum ersten Male mit 19 Jahren die Meisterschaft der Frauen in England gewann. Cathy hat ihr Land bei Schacholympiaden vertreten und trägt den Titel einer internationalen Meisterin der Frauen.

verbessern. Es empfiehlt sich, nach dem Kapitel „Das Spiel" einige Partien zu spielen. Dadurch wird man beim Ziehen der Figuren sicherer und bekommt zugleich eine Ahnung davon, was man alles noch wissen müßte, um gut zu spielen. Dabei helfen die nächsten Kapitel. Sie geben systematisch aufgebaut wichtige Hinweise zur Philosophie des Schachs, aber nur beim Spielen selbst wird man seine eigene Stärke und seinen eigenen Stil entwickeln können.

Ein Teil der Magie des Schachs besteht in seiner Unerschöpflichkeit. Vermutlich gibt es mehr verschiedene Spiele als Atome im Universum. Jede Partie ist also immer wieder neu. Der berühmte Schachspieler Tarrasch sagte: „Wie die Liebe und die Musik hat Schach die Macht, Menschen glücklich zu machen." Und dafür kann man wahrlich ein paar Stunden seiner Zeit opfern.

KEN WHYLD

VORÜBERLEGUNGEN FÜR DEN ANFANG

Wie man sich erfolgreich vorbereitet

Das Erlernen des Schachs ist zugleich die Einübung einer der wichtigsten Fähigkeiten für dieses Spiel: der Voraussicht. Als erstes braucht man natürlich ein Schachspiel. Es gibt Spiele für jeden Geldbeutel, und ein billiges tut es allemal. Auch wenn man schon eine gewisse Vorstellung von dem Spiel hat, sollte man zunächst systematisch mit den einfachsten Dingen beginnen. Wenn man die Regeln beherrscht, wird man soviel wie möglich spielen wollen, um sich zu verbessern.

Ein billiges Spiel mit Staunton-Figuren.

Ein kleiner Computer ist ein idealer Reisebegleiter.

Alte Figuren sind häufig prächtig.

DAS RICHTIGE SPIEL

Die Auswahl ist allein eine praktische Frage. Sie wird vom Preis und der Größe des Brettes bestimmt (s. S. 10-11). Geeignet sind nur die Staunton-Figuren. Das Brett muß die passende Größe haben. Ein teures Spiel führt nicht zu besserer Spielweise. Figuren wie diese hier sind zu wertvoll für den Alltag.

DIE URSPRÜNGE

Für das Verständnis des Spiels ist es hilfreich zu wissen, daß es in grauer Vorzeit als Nachahmung der Kriegsführung entstanden ist (s. S.12-13). Man darf das Ziel des Spieles nie aus den Augen verlieren. Schach hat eine faszinierende Geschichte, dazu später ein wenig mehr.

Dazu sollte man am besten mit einem Partner spielen, der weiter ist als man selbst. Und weil dieser nicht immer zur Verfügung steht, ist ein Schachcomputer eine ideale Alternative. Am besten geeignet sind Programme für Anfänger, weil sie viele Hilfen anbieten und relativ billig sind. Es gibt solche im Taschenformat, die besonders für Reisen geeignet sind. Andere haben eine normale Brettgröße und können auch für Spiele gegen einen menschlichen Partner benutzt werden. Es empfiehlt sich, die ersten Kapitel möglichst konzentriert anzugehen. Wenn man die Grundlagen beherrscht, wird man sie nie vergessen. Fettgedruckte Wörter in diesem Buch werden im Glossar kurz erklärt (S. 92-94).

STAUNTON-FIGUREN
Die Figuren sind in der Regel nach den Entwürfen des Engländers Staunton (1849) gestaltet (s. S.16-17). Bevor man ihre Züge erlernt, muß man sie unterscheiden können.

DAS BRETT
Zunächst muß man sich die üblichen Bezeichnungen der Felder und die richtige Position des Brettes einprägen (s. S.14-15). In vielen Filmen kann man eine falsche Ausrichtung des Brettes erkennen, allerdings nie, wenn Humphrey Bogart mitspielte, weil er etwas davon verstand!

AUFSTELLUNG DER FIGUREN
Es macht keinen guten Eindruck, wenn man die Figuren zögerlich und gar auf die falschen Felder stellt. Die Aufstellung muß natürlich exakt den Regeln entsprechen. Dies wird gleich erklärt (s. S.18-19).

Stufe 2: Die Reihe ist fast vollständig.

Stufe 1: Zwei Figurenpaare.

Die schwarzen Figuren in der ***Grundstellung.***

Was man braucht

Der König und seine Getreuen

Man braucht ein Brett und Figuren. Man sollte das Brett sorgfältig nach der sympathischsten Größe der Felder auswählen. Wenn sie kleiner als 2,5 cm sind, kann man die Figuren schlecht ziehen. Auch ein zu großes Brett kann das Spielvergnügen mindern. Am häufigsten sind Felder mit einer Größe von etwa 5 cm. Es empfiehlt sich, die Farben Braun oder auch Grün zu wählen, weil der Kontrast von Schwarz und Weiß die Augen ermüdet. Es gibt Bretter aus Pappe oder Plastik, die man einrollen kann, und natürlich aus Holz mit eingelegten Feldern.

Proportionen

Der König, die größte Figur, bestimmt üblicherweise die Höhe der anderen. Seine Größe sollte am besten so bemessen sein, daß seine Standfläche 3/4 des Feldes bedeckt (rechts).

DAS BRETT
Seine Größe sollte gut auf den üblichen Spieltisch passen. Der Tisch sollte stabil sein, weil Bretter manchmal die Angewohnheit haben, „zufällig“ umzufallen, wenn der schönste Sieg bevorsteht!

FIGUREN
Man sollte in jedem Fall die Staunton-Figuren wählen, weil sie auf der ganzen Welt gebräuchlich sind.

DIE PREISFRAGE

Figuren mit einem König von 10 cm Höhe passen gut zu einem Brett mit Feldern von 5 cm Seitenlänge. Ein solches Spiel mit einem Pappbrett und Plastikfiguren kostet etwa soviel wie dieses Buch (unten). Für ein schönes Holzspiel kann man etwa 10mal soviel ausgeben (unten links).

• Dieses Brett kann in der Mitte zusammengeklappt werden.

SCHACHCOMPUTER

Einen Schachcomputer kann man schon zum Preis eines besseren normalen Spiels kaufen. Zur Verbesserung der eigenen Spielstärke ist ein einfacher Computer sehr zu empfehlen. Man braucht kein Spitzenmodell, denn die sind spielstärker als 99 % aller Spieler. Natürlich gibt es auch Programme für Personalcomputer.

• FIGUREN
Die Züge bei diesem Spiel werden durch Druck auf das Brett automatisch eingegeben.

GRUNDMODELL

Ein einfaches Modell ist mit seinen verschiedenen Funktionen für den Anfänger leicht zu handhaben und billig. Wenn man seinen ersten Computer regelmäßig schlägt, sollte man zu einem stärkeren übergehen.

ZWEIDIMENSIONALE FIGUREN •
Die einfachsten Computer haben zweidimensionale Figuren, die auf dem kleinen Brett bewegt werden.

Was ist Schach?

Der Charakter des Spiels

Schach ist die Nachahmung der klassischen Kriegskunst. Das einzige Ziel ist die Eroberung des gegnerischen Königs. Jedes Opfer ist gerechtfertigt, wenn dieses Ziel erreicht wird. Zu den Zeiten, als das Spiel entwickelt wurde, war es nicht klug, sich an feindlichen Königen zu vergreifen. Deshalb wird der König nie geschlagen, sondern das Spiel endet genau dann, wenn es für ihn im nächsten Zug kein Entrinnen mehr gibt. Die Dame und der Läufer sind relativ neue Mitspieler, die einen königlichen Ratgeber und Elefanten aus früherer Zeit ersetzt haben. Vermutlich entstand das Spiel im ersten vorchristlichen Jahrtausend in Indien, wo Elefanten im Krieg benutzt wurden. Die anderen Figuren waren Fußsoldaten (Bauern), Kavallerie (Springer) und Streitwagen (Türme).

FIGUREN AUS DEM 19. JAHRHUNDERT
Dieses Spiel wurde im 19. Jahrhundert für den europäischen Markt geschnitzt. Die Darstellung einer Schlacht ist bei diesen wilden Gesellen offensichtlich.

König
Der König war immer die wichtigste Figur und zumeist die größte.

Turm
Rukh bedeutet auf arabisch Streitwagen. Heute wird diese Figur durch einen Turm dargestellt.

Dame
Die Königin hat den Ratgeber des Königs auf dem Schlachtfeld ersetzt.

DIE SCHLACHT AUF DEM BRETT

Schach wird von zwei Spielern auf einem Brett mit 64 Feldern gespielt. Jede Partei – Weiß und Schwarz – hat genau die gleichen 16 Figuren. Es gibt keinen Zufall, alles liegt offen. Weiß beginnt das Spiel, dann macht Schwarz seinen ersten Zug usw. bis zum Sieg einer Seite oder einem Unentschieden.

SPRINGER • Alle Figuren waren ursprünglich Krieger, wie dieser Springer am deutlichsten zeigt.

• **LÄUFER** Der Charakter dieser Figur ist auf der ganzen Welt sehr unterschiedlich. Diese stellt einen Bischof dar.

• **BAUER** Im Vergleich zu den heutigen Figuren sehen diese Fußsoldaten sehr grimmig aus.

DAS BRETT

Der Kampf findet auf dem Brett statt

Man kann sich das Schachbrett als ein Schlachtfeld vorstellen oder als die Leinwand eines Künstlers, auf der ein großes Meisterwerk entstehen wird. Nach einigen schmerzhaften Erfahrungen hält man es vielleicht eher für die Arena eines Straßenkampfes oder den Sommerschlußverkauf im Kaufhaus. Wie immer man dies sieht, man muß sich gründlich mit allen 64 Feldern einlassen. Mit größerer Spielpraxis wird man feststellen, daß auf den Feldern in der Mitte zumeist die wichtigsten Aktionen laufen, aber man muß immer das ganze Brett im Auge behalten. Anfänger verlieren hier leicht den Überblick, aber mit ein wenig Übung begreift man das Brett in seiner Gesamtheit.

AUSRICHTUNG

Das Brett muß so zwischen den Spielern liegen, daß das rechte Eckfeld in der ersten Reihe ein weißes ist. Dies ist die Vorschrift, obwohl der Charakter des Spiels sich durch eine andere Ausrichtung nicht ändern würde.

SCHWARZE FELDER
Sie heißen „schwarz“, sind es aber in Wirklichkeit selten.

WEISSE FELDER
Die jeweils helleren Felder heißen „weiß“.

DAS DIAGRAMM

Die von links nach rechts waagerecht verlaufenden Felder nennt man **Reihen** und die zwischen den Spielern senkrecht verlaufenden Felder **Linien.**

REIHEN
Es gibt acht **Reihen** mit je acht Feldern.

LINIEN
Das gleiche gilt für die **Linien.**

DIAGONALEN

Die dritte Art der logischen Zusammengehörigkeit von aufeinanderfolgenden Feldern sind die **Diagonalen.** Ihre Felder haben alle die gleiche Farbe. Nur die schräg über das Brett von den Eckfeldern laufenden Diagonalen haben acht Felder, alle anderen zwischen zwei und sieben Felder.

WIE VIELE DIAGONALEN?
Es mag merkwürdig erscheinen, daß es nur acht Reihen und acht Linien, aber 26 verschiedene **Diagonalen** gibt.

ZWEI DIAGONALEN
Von hier aus geht eine **Diagonale** mit sechs Feldern nach rechts und eine mit drei Feldern nach links.

DIE LANGE DIAGONALE
Die längsten **Diagonalen** auf dem Brett haben acht Felder.

DIE SCHACHFIGUREN

Bauern und ***Offiziere***

HOWARD STAUNTON, ein führender englischer Schachspieler aus der Mitte des 19. Jahrhunderts, hatte unermüdlich an der weltweiten Einheitlichkeit der Regeln für das Schachspiel gearbeitet. Er drängte darauf, nur eine der vielen Formen der Figuren zu benutzen, und er beeinflußte ihr künftiges Design, das natürlich auch in den Abbildungen dieses Buches zu sehen ist. Die Staunton-Figuren sind als einzige in Wettkämpfen auf der ganzen Welt zugelassen und natürlich nach ihm benannt. Jede Seite hat 16 einzelne Figuren in sechs verschiedenen Formen. Die acht Bauern haben alle die gleiche Form. Die anderen acht sind **Offiziere.**

DIE OFFIZIERE

Den König und die Dame gibt es auf jeder Seite nur einmal. Zwar ist der König die wichtigste Figur, aber bei weitem nicht die mächtigste. Die Dame ist die wirklich starke Figur. Je zwei Läufer, zwei Springer und zwei Türme vervollständigen die Streitmacht.

• **DER KÖNIG** Als Zeichen seiner Autorität ist der König die größte Figur.

• **DIE DAME** Sie ist an ihrer Krone zu erkennen.

• **DER LÄUFER** (engl. Bishop) Seine Spitze ähnelt der Mitra eines Bischofs.

Kunstvolle Schachfiguren

Die frühesten bekannten Schachfiguren stammen aus islamischen Ländern und sind sehr einfach. Der Koran verbot die Darstellung von Lebewesen. Seit der Renaissance hat es eine Vielzahl kunstvoll gestalteter Figuren gegeben, die heute allerdings Sammlerstücke sind und jeden Spieler verwirren würden. Dieses wertvolle Spiel stellt die Kämpfer in der Schlacht sehr naturalistisch dar.

Läufer
Der weiße Läufer ist ein Bischof mit klerikalen Gewändern und Stab.

Springer
Die Figur zeigt einen Reiter auf dem Pferd.

Das königliche Paar
Die Figuren sind Napoleon und Josephine nachempfunden.

Turm
Auf diesem Festungsturm steht ein Fahnenträger.

Bauer
Die weißen Bauern dieses Spiels sehen anders aus als die roten (s. S. 12–13).

Der Springer
Der Pferdekopf deutet an, daß diese Figur als einzige springen kann.

Der Bauer
Die Bauern haben die schlichteste Form.

Der Turm
Der frühere Streitwagen sieht wie eine unbewegliche Burg aus.

DIE GRUNDSTELLUNG

„Der rechte Mann am rechten Platz" – A. H. Layard

Das Brett liegt richtig, wenn das rechte Eckfeld vor jedem Spieler ein weißes ist. Alle **Offiziere** stehen in der Reihe unmittelbar vor jedem Spieler. In wenigen Spielen sind je ein Läufer und ein Springer mit einer Krone gekennzeichnet. Sie stehen natürlich neben dem König auf dem **Königsflügel**.

ECKFELDER

Wie in einer Festung sind die beiden Türme an jedem Ende der Grundreihe die Eckpfeiler der **Grundstellung.** Einer beginnt auf einem weißen, einer auf einem schwarzen Feld.

DANEBEN DIE SPRINGER

Neben den Türmen stehen die Springer in der Grundreihe. Ihnen scheint man anzusehen, wohin sie wollen, aber das täuscht, wie wir sehen werden.

FLANKENSCHUTZ FÜR DAS KÖNIGLICHE PAAR

Die Läufer werden neben den Springern schon fast im Zentrum des Brettes plaziert. Der untere Teil der Figuren ähnelt dem von König und Dame.

DIE FARBEN DER DAMEN

Zwei Felder sind auf der Grundreihe noch frei. Die schwarze Dame kommt auf das schwarze Feld, die weiße auf das weiße. Die Damen stehen sich also auf der gleichen Linie gegenüber.

SEINE MAJESTÄT, DER KÖNIG

Das letzte freie Feld gehört dem König. Für den Spieler mit den weißen Figuren steht die Dame links von seinem König, bei den schwarzen dagegen rechts.

DIE ZWEITE REIHE

In der jeweils zweiten Reihe stehen die Bauern, einer vor jedem **Offizier.** Sie sehen zwar gleich aus, aber einige sind wichtiger als die anderen, wie man bald bemerken wird. Dies sind die Mittelbauern.

DAS SPIEL KANN BEGINNEN

So sieht die Grundstellung vor Spielbeginn aus. Jede Farbe ist das exakte Spiegelbild der anderen. Bei den Staunton-Figuren werden die **Offiziere** vom König bis zum Turm immer ein wenig kleiner. Dies ist ein einfaches Hilfsmittel für Anfänger, dazu noch die Regeln „weiße Dame – weißes Feld" und „rechtes Eckfeld immer weiß".

DER AUFBAU DES GRUNDKURSES

15 Lektionen im Überblick

Diese Einführung ist in 15 Lektionen unterteilt. Nach den ersten 6 Lektionen hat man alles Notwendige gelernt, um Schach richtig zu spielen. Danach sollte man vielleicht einige Partien gegen einen fortgeschrittenen Gegner spielen. Dies kann durchaus auch ein Computer sein. Man wird dabei sehr schnell feststellen, daß zwischen dem richtigen Ziehen der Figuren und einem erfolgreichen Spiel noch ein riesiger Unterschied besteht. Deshalb geben die folgenden Lektionen eine Einführung in die komplexen strategischen Elemente dieses wunderbaren Spiels.

Schwarzer König

König

Springer

Weißer Springer

Lektion		*Zeitaufwand (h)*	*Seite*
1	Beherrscher der Linien	¾	22-27
2	Der Springer	½	28-31
3	Der König	½	32-35
4	Der Bauer	¾	36-41
5	Schach	¾	42-45
6	Das Remis	¾	46-47
7	Die Notation	1	48-49
8	Das Spiel	1	50-53

LEGENDE FÜR DIESES BUCH

UHR
Die Uhr zeigt an, wieviel Zeit man für jede Lektion aufwenden sollte.
Das graue Segment verdeutlicht die bisher verwandte Zeit, das blaue den voraussichtlichen Aufwand für diese Lektion.

SCHWIERIGKEITSGRADE •••••
Jede Lektion wird nach ihrer Schwierigkeit bewertet. Bei zwei Punkten ist sie relativ einfach. Fünf Punkte bedeuten, daß man viel Spielpraxis für dieses Thema benötigt.

DAS BRETT
Alle Felder, auf die eine Figur ziehen kann, sind grün. Wenn eine Figur geschlagen werden kann, ist das Feld, auf dem sie steht, rot. Es ist unbedingt empfehlenswert, alle Lektionen beim Lesen auf einem richtigen Brett nachzuspielen. Die bildliche Vorstellungskraft reicht zu Beginn mit Sicherheit nicht aus.

Solche Beispiele führen durch den Kurs.

Probleme sind auf einem normalen Brett zu sehen.

Weiße Dame

Ein Turm ist fünf Bauern wert.

Springer oder Läufer haben jeweils den Wert von drei Bauern.

LEKTION **1**

BEHERRSCHER DER LINIEN

Definition: *Wie Turm, Läufer und Dame ziehen*

Diese insgesamt fünf **Offiziere** auf jeder Seite ziehen in gerader Linie über beliebig viele Felder auf dem ganzen Brett. Die Erklärung des Brettes (s. S. 14-15) hat gezeigt, daß es schräge **Diagonalen** und die rechtwinkligen **Reihen** und **Linien** gibt.

ZIEL: Turm, Läufer und Dame richtig führen. *Schwierigkeitsgrad* ••

DER TURM

*Die Züge des Turms finden einfach auf den **Reihen und Linien** statt.*

DIE REICHWEITE

Der Turm kann sich in jeder Richtung auf der **Reihe** oder **Linie** bewegen, auf der er gerade steht, bis er auf ein Feld stößt, auf dem eine andere Figur steht. In der **Grundstellung** kann der Turm bei leerem Brett 14 Felder erreichen. Das gilt im Unterschied zu den anderen **Offizieren** für jede mögliche Position.

KRONENZEICHEN Die kleine Krone zeigt an, daß dieser Turm auf den **Königsflügel** gehört.

*Es gibt sieben Felder in der **Reihe**.*

*Auf sieben Felder in der **Linie** kann er gehen.*

BLOCKIERTE LINIE

Der Turm kann kein besetztes Feld überspringen oder eine Figur seiner Partei auf ihrem Feld ersetzen. In dieser Position ist sein Spielraum durch den weißen Springer begrenzt, er hat nur zwölf Felder zur Auswahl.

GLEICHFARBIGE FIGUR Der weiße Springer blockiert den Spielraum des weißen Turms.

KONTROLLE DER LINIE Der Turm kann auf jedes Feld der **Linie** ziehen.

ANGRIFF

Wenn dem Turm eine gegnerische Figur im Wege steht, kann er sie schlagen, indem er auf ihr Feld geht und die Figur vom Brett entfernt.

GLEICHE REIHE Der weiße Turm greift den schwarzen Springer auf der gleichen Reihe an.

SCHLAGEN Der Turm hat den Springer geschlagen und vom Brett entfernt.

Der Springer

PROBLEM

Auf welche Felder kann der weiße oder der schwarze Turm ziehen, je nachdem, wer dran ist?

Jeder Turm hat zehn Felder, denn Weiß kann den Springer schlagen. Danach könnte Schwarz den weißen Turm schlagen und hätte also elf Felder.

LEKTION 1

DER LÄUFER

Die Züge des Läufers sind ebenso einfach wie die des Turms.

REICHWEITE

Wie der Turm bewegt sich der Läufer in geraden Linien, bis er auf ein Hindernis trifft, und wenn dies eine gegnerische Figur ist, kann er sie schlagen. Aber anders als der Turm bewegt sich der Läufer **diagonal.** Der eine Läufer benutzt nur die weißen Felder, der andere nur die schwarzen.

WEISSER ELEFANT
Wie in diesem burmesischen Spiel aus dem 18. Jahrhundert war die Figur des Läufers früher ein Kriegselefant.

• SCHWARZE FELDER
In dieser Stellung kann der Läufer alle markierten schwarzen Felder erreichen und dort auch Gegner schlagen.

AKTIONSRADIUS
Jeder Läufer kann insgesamt nur die Hälfte des Brettes, also 32 Felder erreichen. Der zweite Läufer ist für die anderen 32 Felder zuständig. Deshalb sind beide zusammen mehr als doppelt so wertvoll wie nur einer von ihnen.

DIE MACHT DES LÄUFERS
Dieses Diagramm zeigt, wie viele Felder der Läufer von jedem Punkt aus erreichen kann. Als Übung sollte man die Felder von der **Grundstellung** aus zählen und dann den Läufer ein Feld vorrücken und erneut durchzählen. Wie viele Züge braucht man mit dem Königsläufer in der **Grundstellung**, um das Feld des gegnerischen Königs zu erreichen? Wie viele Wege gibt es, um dieses Ziel in zwei Zügen zu erreichen? Wie viele Varianten für drei Züge?

7	7	7	7	7	7	7	7
7	9	9	9	9	9	9	7
7	9	11	11	11	11	9	7
7	9	11	13	13	11	9	7
7	9	11	13	13	11	9	7
7	9	11	11	11	11	9	7
7	9	9	9	9	9	9	7
7	7	7	7	7	7	7	7

• MÖGLICHKEITEN
Die blauen Zahlen geben an, wie viele Felder der Läufer von hier aus erreichen kann.

• ZENTRUM
Im Gegensatz zum Turm hat der Läufer im Zentrum mehr Spielfelder.

WEISSER LÄUFER
Dieser Läufer hat nur acht Felder.

WEISSER TURM
Die Linien des Turms werden von dem Läufer seiner eigenen Farbe nicht blockiert.

BLOCKIERTE LINIE

In dieser Position kann der Läufer zwei Felder nach links unten und links oben sowie vier Felder nach rechts oben ziehen, nicht aber nach rechts unten, weil der eigene Turm diese Linie blockiert.

ANGRIFF

In dieser Stellung kann der Läufer das Gleiche tun wie oben, aber er kann auch den schwarzen Turm schlagen. Dazu zieht er auf dessen Feld, und der schwarze Turm ist aus dem Spiel.

WEISSER LÄUFER
Wenn er schlägt, hat er wieder freie Bahn.

SCHWARZER TURM
Dieser Turm greift den weißen Läufer nicht an.

SCHLAGEN
Um es nochmals ganz klar zu machen: Wenn eine Figur eine andere schlägt, besetzt sie deren Feld.

Der Turm

PROBLEM

Wenn Weiß am Zuge ist, wohin kann der Läufer gehen? Was kann der schwarze Läufer tun, wenn Schwarz am Zug ist?

Hatte Weiß neun Felder und Schwarz fünf? Wenn Weiß zuerst den Springer schlägt, kann der schwarze Läufer zurückschlagen?

LEKTION

1 DIE KÖNIGIN

Die Königin zieht auf ***Reihen, Linien*** *und* ***Diagonalen.***

EIN KÖNIGREICH FÜR DIE DAME

Wenn man die Möglichkeit von Turm und Läufer begriffen hat, macht die Dame keine Schwierigkeiten mehr. Sie kann beide Arten von Zügen, allerdings nicht gleichzeitig. Sie zieht entweder auf der Reihe, auf der Linie oder auf den jeweiligen **Diagonalen.** Kein **Offizier** kann ihr das Wasser reichen.

RATGEBER
Die Dame ist eine relativ neue Figur. In diesem burmesischen Spiel aus dem 18. Jahrhundert steht ein Ratgeber seinem König bei.

REIHEN UND LINIEN •
Wie der Turm zieht die Dame rechtwinklig auf den **Reihen** und **Linien.**

• **DIAGONALEN**
Und wie die Läufer kann die Dame sich auf den **Diagonalen** bewegen. Ihre Reichweite ist wahrlich unübertroffen.

MÖGLICHKEITEN
Das Diagramm zeigt die Zahl der Felder, welche die Dame auf einem leeren Brett erreichen kann. Natürlich sind es jeweils die 14 Felder für den Turm und die weiteren 7 bis 13 Felder, die von der gleichen Position aus der Läufer erreichen könnte. Anfänger neigen dazu, ihre Dame, die stärkste Figur, über das Brett zu hetzen.

21	21	21	21	21	21	21	21
21	23	23	23	23	23	23	21
21	23	25	25	25	25	23	21
21	23	25	27	27	25	23	21
21	23	25	27	27	25	23	21
21	23	25	25	25	25	23	21
21	23	23	23	23	23	23	21
21	21	21	21	21	21	21	21

• **ECKE**
Hier sind die Möglichkeiten der Dame relativ bescheiden.

• **ZENTRUM**
Bei jedem Feld näher zum Zentrum bieten sich zwei Felder mehr.

EMINENZ IN AKTION

Betrachtet man die Reichweite der Dame in dieser Stellung und schließt das Feld des Läufers darin ein, sollte man bis 23 gezählt haben. Sie hat keine 25 Felder, weil der schwarze Läufer zwei theoretische Möglichkeiten versperrt.

• **SCHWARZER LÄUFER**
Der schwarze Läufer kann die Dame von seiner Position aus nicht bedrohen, noch könnte er dies im nächsten Zug.

• **WEISSE DAME**
Die Dame hat den Läufer geschlagen, der auf Nimmerwiedersehen verschwunden ist.

Der Läufer

PROBLEM

Wohin kann die Dame ziehen? Wo kann sie schlagen? Was könnte Schwarz tun, wenn es am Zuge ist? Was ginge, wenn Läufer und Turm die Positionen tauschten?

Natürlich kann die Dame am Zug den Turm oder den Läufer schlagen. Es ist besser, zuerst den Turm zu schlagen, nicht nur weil er die stärkere Figur ist (s. S. 54-57), sondern weil er ungedeckt ist. Der Turm deckt den Läufer, weil er auf derselben **Reihe** *steht. Schwarz am Zuge greift mit keiner Figur die Dame an. Würden sie die Plätze tauschen, wären beide eine Bedrohung für die Dame.*

LEKTION

2 DER SPRINGER

Zeit

Definition: *Wie der Springer zieht und schlägt*

Nach der Einfachheit, mit der die anderen Offiziere immer geradeaus ziehen, sind die Züge des Springers eine völlig neue Art der Fortbewegung. Sie machen Spaß, aber sie bereiten dem Anfänger auch manche böse Überraschung. Als einzige Schachfigur verläßt der Springer sein Feld und landet auf einem anderen, ohne dazwischen Bodenberührung gehabt zu haben – er springt eben von hier nach da.

ZIEL: Beherrschung des Springers. *Schwierigkeitsgrad* ••••

SPRINGERZÜGE

Das Studium des Brettes dürfte die beste Art sein, die Züge des Springers zu verstehen. Es stellt alle Felder übersichtlich dar, die dieser Springer erreichen kann. Wie die anderen **Offiziere** auch schlägt der Springer eine gegnerische Figur, indem er auf das von ihr besetzte Feld zieht.

PFERDEKOPF
Zu Beginn war diese Figur ein Ritter zu Pferde.

FREIES FELD •
Dies ist eine von acht Möglichkeiten, auf die dieser Springer ziehen kann.

• **KEIN DURCHGANGSFELD**
Er bewegt sich nicht über die Zwischenfelder zu seinem neuen Ziel wie die anderen **Offiziere**, sondern „springt".

EIN BLOCKIERTER SPRINGER

In dieser Stellung hat der Springer ein Feld weniger als in der vorigen. Er kann nicht auf das Feld seiner eigenen Dame ziehen oder diese gar schlagen, obwohl man sich dieses manchmal wünschen wird. Die Dame ist in dieser Stellung nicht blockiert.

SPRINGERZÜGE Diesmal hat der Springer nur sieben Felder, auf die er ziehen kann.

EIGENE DAME Dieses Feld ist für den Springer tabu.

ANGRIFF

Bei dieser Stellung ist der Unterschied zur vorigen, daß die schwarze Dame dem Gegner gehört. Nach einem Zug ergeben sich von seinem neuen Feld wieder andere Möglichkeiten für den Springer.

ANGEGRIFFENE DAME Wenn der Springer die Dame nicht schlägt, sondern woanders hinzieht, greift er sie auch nicht mehr an.

WEISSER SPRINGER Der Springer hat die schwarze Dame geschlagen.

Die Dame

MERKREGELN

Jeder hat seine eigene Formel, um sich die Züge des Springers einzuprägen. Die geeignetsten beschreiben nicht den Weg, weil diese Visualisierung leicht zu Fehlern führt. Er kann halt nicht blockiert werden, außer durch eine eigene Figur auf dem angestrebten Feld. Am besten merkt man sich eine der folgenden Regeln und vergißt die übrigen. Der Springer zieht:

- Zum übernächsten Feld mit der anderen Farbe.
- Zum nächsten Feld, das eine Dame von der gleichen Position aus nicht erreichen könnte.
- Auf die gegenüberliegende Ecke eines zwei mal drei Felder großen Rechtecks.
- Ein Feld geradeaus und dann eins schräg weiter.
- Zwei Felder geradeaus und dann eins rechtwinklig nach links oder rechts.
- Ein Feld schräg vorwärts und von da eins geradeaus weiter.

LEKTION

2 Springerangriff

Der Springer steht auf dem gleichen Feld wie zuvor (s. S. 28-29). Weiß ist am Zuge. Wenn man sich hier verdeutlicht, auf wie viele Felder der Springer ziehen kann und dabei übersieht, daß er den schwarzen Turm schlagen kann, hat man vermutlich vergessen, daß er springt.

Feindlicher Turm
Der schwarze Turm wird nur vom weißen Springer bedroht, nicht von den anderen Figuren.

Der Turm

DER EINZIGE ANGREIFER
Der weiße Läufer konnte nur diagonal ziehen, der weiße Turm nur rechtwinklig geradeaus. Beide waren keine Bedrohung für den schwarzen Turm.

Das Feld des Turms
Der weiße Springer hat den schwarzen Turm geschlagen und sein Feld eingenommen. Die anderen weißen Figuren standen ihm dabei nicht im Weg.

REICHWEITE
Dieses Diagramm zeigt die Zahl der Felder, die der Springer jeweils auf einem leeren Brett erreichen könnte. Man sieht, daß er auf den Randfeldern nur höchstens vier Ziele hat, in der Mitte dagegen acht („Springer am Rand – welche Schand!“). Zur Übung sollte man ein paarmal von der Grundstellung zum Feld des gegnerischen Königs oder der Dame ziehen und die verschiedenen Wege ausprobieren.

2	3	4	4	4	4	3	2
3	4	6	6	6	6	4	3
4	6	8	8	8	8	6	4
4	6	8	8	8	8	6	4
4	6	8	8	8	8	6	4
4	6	8	8	8	8	6	4
3	4	6	6	6	6	4	3
2	3	4	4	4	4	3	2

Zwei Felder
Wenn der Springer von hier aus ein **Matt** verhindert, hat er seine Schuldigkeit getan.

Sechs Felder
Wenn der Springer hier den Gegner ernsthaft bedroht, steht er besser als nutzlos in der Mitte.

GEMEINSAMER ANGRIFF

SCHWARZER LÄUFER •
Weiß am Zuge kann den schwarzen Läufer mit allen drei Figuren schlagen. Schwarz nur den weißen Läufer.

In dieser Stellung kann Weiß den schwarzen Läufer mit jeder seiner drei Figuren schlagen. Wenn Schwarz am Zug ist, kann es nur den weißen Läufer schlagen. Wenn ein Springer einen Gegner bedroht, kann der ihm nie etwas antun, es sei denn, er ist selbst ein Springer.

Der Läufer

WEISSER SPRINGER •
Weiß hat den schwarzen Läufer geschlagen und nun nicht mehr acht, sondern nur sechs neue Möglichkeiten.

PROBLEM

FRAGE 1
Auf welche Felder können der weiße oder der schwarze Springer ziehen, und wie viele Figuren könnten sie schlagen?

Weiß könnte zweimal, Schwarz keinmal schlagen.

FRAGE 2
Der weiße Springer hat gerade auf sein Feld gezogen. Welche Figuren bedroht er? Kann Schwarz den weißen Springer schlagen?

Schwarz kann ihn schlagen, er bedroht drei Figuren.

LEKTION

3 DER KÖNIG

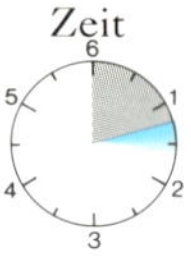

Definition: *Die Macht und die Herrlichkeit*

Bekanntlich ist der König die wichtigste Figur auf dem Feld. Jede andere Figur kann verschwinden, und das Spiel geht trotzdem weiter, aber wenn der König nicht mehr zu retten ist, ist das Spiel vorbei. Deshalb sollte man ihm große Macht zutrauen, aber das Gegenteil trifft zu. Er muß die meiste Zeit von seiner Armee geschützt werden und greift in der Regel erst aktiv ein, wenn das Schlachtfeld schon weitgehend geleert ist.

ZIEL: Erlernen der Züge des Königs einschließlich der **Rochade.** *Schwierigkeitsgrad* ••••

EIN HERRLICHER ZUG

Einfacher geht es eigentlich nicht mehr: Der König zieht in jeder beliebigen Richtung gerade oder schräg auf eines der Felder um ihn herum. Allerdings gibt es zwei Ausnahmen, die in dieser Lektion erklärt werden.

SPEZIALITÄTEN
Weil der König allein das Ziel des Gegners ist, darf er nie auf ein Feld ziehen, auf dem er unmittelbar anschließend geschlagen werden könnte. Ein König begibt sich nie freiwillig ins **Schach.** Deshalb kann er auch selbst nie den anderen König bedrohen.

WEISSER KÖNIG •
Seine Reichweite ist die unmittelbare Nachbarschaft.

• **ACHT FELDER**
Acht Möglichkeiten gibt es, es sei denn, ein Feld würde vom Gegner bedroht.

BLOCKIERTER KÖNIG

In der Stellung rechts gibt es sieben Felder für den König, weil sein eigener Turm das potentiell achte blockiert. Zugleich schützt der König seinen Turm, denn sollte dieser geschlagen werden, könnte er den Angreifer sofort wieder schlagen, es sei denn, er würde ins **Schach** ziehen, weil eine weitere, schwarze Figur ihn dort schlagen könnte.

WEISSER KÖNIG •
Er hat nur sieben statt der theoretisch möglichen acht Felder zur Auswahl.

• **EIGENER TURM**
Der Turm behindert seinen König, aber nicht umgekehrt.

DER KÖNIG SCHLÄGT

Hier ist der Turm ein Feind und kann vom König geschlagen werden. Wenn er nicht schlägt, darf er nicht auf die vom Turm beherrschten Linien ziehen und hat nur noch drei Felder.

ROTES FELD
Der Turm schützt nicht sein eigenes Feld, deshalb kann der König schlagen.

• **WEISSER KÖNIG**
Der König hat geschlagen, weil der Turm nicht von einer anderen schwarzen Figur gedeckt wurde.

Der Turm

PROBLEM

Wohin kann der weiße König ziehen, und welche Figur kann er schlagen?

Der schwarze Springer wird von Läufer und König gedeckt. Die weißen Felder neben dem Springer liegen in der Reichweite des schwarzen Königs. Die drei Felder links von ihm werden von Läufer und Springer bedroht. Der König kann nur einen Zug nach oben machen oder den schwarzen Läufer schlagen.

LEKTION 3

ROCHADE

Etwas, das nur der König kann.

KÖNIGSFLÜGEL

Die **Rochade** ist der einzige Zug, bei dem zwei Figuren gleichzeitig bewegt werden. Die beiden sind der König und der Turm, aber sie dürfen sich vorher noch nie bewegt haben.

FREIE FELDER
Die beiden Felder zwischen dem König und dem Turm auf dem **Königsflügel** müssen frei sein. Der König macht zwei Schritte zum Turm.

TURM
Der Turm wird dann auf das freie Feld gestellt, das der König gerade überquert hat.

GLEICHZEITIGKEIT
Dies ist ein Spielzug, bei dem man üblicherweise erst den König und dann den Turm auf ihre Plätze bewegt.

TURM
Der Turm ist an seinem Platz, der Zug abgeschlossen.

WEITERE REGELN

Man darf nicht rochieren, wenn der König bedroht ist, also im **Schach** steht. Er darf natürlich auch nicht in ein **Schach** hinein rochieren oder bei der **Rochade** über ein Feld ziehen, das vom Gegner bedroht wird. Diese Regel gilt nur für den König, das Schicksal des Turms vorher oder nachher ist egal. Wenn der König zuvor schon einmal im **Schach** gestanden hat und selbst noch nicht gezogen wurde, kann die **Rochade** jederzeit durchgeführt werden.

KÖNIGS- ODER DAMENFLÜGEL?

Aus vielen Gründen wird seltener auf dem **Damenflügel** rochiert. Zunächst einmal müssen drei statt zwei der **Offiziere** ihre Felder geräumt haben. Auf dem Königsflügel deckt der König nach der **Rochade** die drei Bauern vor ihm und ist damit gut geschützt. Auf der Damenseite muß ein Bauer vorgezogen worden sein, damit der Läufer hinaus ins feindliche Leben kann. Deshalb ist eine **Diagonale** offen, auf der immer ein **Schach** droht.

DREI FELDER
Für die Rochade auf dem **Damenflügel** müssen drei Felder frei sein.

ZWEI FELDER
Wenn Schwarz auf dem **Königsflügel** rochiert, müssen zwei Felder frei sein.

DAMENFLÜGEL

Diese Abbildungen zeigen die Rochade auf dem Damenflügel. Der Ablauf ist genauso wie auf dem Königsflügel, aber Turm und Dame stehen danach mehr im Zentrum.

ZWEI FELDER
Der König zieht zwei Felder auf den Turm zu.

TURMFELD
Hier zieht der Turm drei Felder weiter neben seinen König.

UNGEDECKTE BAUERN
Nach der **Rochade** auf dem **Damenflügel** ist der Turmbauer nicht mehr gedeckt. Auf dem **Königsflügel** dagegen bilden drei gedeckte Bauern einen Schutzwall.

TURMBAUER
Ein ungedeckter Bauer auf diesem Feld ist ein Schwachpunkt.

LEKTION

4 DER BAUER

Zeit

Definition: *Die verschiedenen Züge eines Bauern*

Anfänger machen den Fehler, die Bauern als unwichtig einzustufen, weil sie nur die starken **Offiziere** in ihren Aktionen hindern. Mit wachsender Erfahrung wird man sehen, daß gerade sie das ganze Spiel entscheidend bestimmen.

ZIEL: Zu lernen, wie der Bauer zieht und schlägt. *Schwierigkeitsgrad* ••••

DIE RICHTUNG DER ZÜGE

Die gekonnte Bauernführung macht den Meister. Der Bauer zieht Feld für Feld geradeaus nach vorne. Er darf nie einen Schritt zurückgehen. Vor einigen Jahrhunderten wurde zur Beschleunigung des Spiels eine einzige Ausnahme eingeführt: Nur bei seinem allerersten Zug kann der Bauer einmal zwei Felder vorgehen, er muß dies aber nicht. Danach immer nur ein Feld.

SCHLICHTE GESTALT
Üblicherweise ist der Bauer die kleinste und am wenigsten verzierte Figur. Das war schon immer so. 750 Jahre alte Illustrationen zeigen ihn schon fast so, wie er heute aussieht.

ZWEI FELDER
Einmal nur beim ersten Zug darf der Bauer zwei Felder vorrücken.

EIN FELD
Natürlich kann er auch gleich sein Normaltempo von einem Feld pro Zug einschlagen.

ANGRIFF

Der Bauer schlägt anders, als er zieht. Schlagen kann er nur auf dem Feld **diagonal** links oder rechts von ihm. Er kann nicht geradeaus schlagen, auch nicht bei seinem ersten Zug über zwei Felder. Dies bedeutet, daß sein Vormarsch durch eine andere Figur blockiert werden kann, die er selbst nicht schlagen darf.

• **WEISSER BAUER**
Weiß kann geradeaus vorwärts ziehen oder den Turm schlagen.

Der Turm

TURMFELD •
Wenn der Bauer schlägt, zieht er auf das Feld des Turmes und kann nur auf dieser neuen Linie weitergehen.

PROBLEM

Welche Bauernzüge kann Weiß oder Schwarz hier machen?

Weiß hat drei Möglichkeiten, Schwarz vier. Die Bauern links blockieren sich gegenseitig.

Der weiße Bauer rechts kann geradeaus ziehen oder links und rechts schlagen. Ebenso können die beiden schwarzen Bauern rechts geradeaus ziehen oder den weißen schlagen.

LEKTION 4

EN PASSANT

Das Schlagen im Vorübergehen

DER DOPPELTE ZUG

Der Anfangszug über zwei Felder führt dazu, daß dieser Bauer von einem dort schon auf der Nachbarlinie postierten feindlichen Bauern eigentlich nicht mehr geschlagen werden kann. Deshalb wurde das Schlagen im Vorübergehen eingeführt.

FEINDLICHER BAUER
Er muß schon drei Felder vorgerückt sein.

WEISSER BAUER
Der weiße Bauer macht jetzt seinen Doppelzug.

DIE FÜNFTE REIHE
Nur wenn ein Bauer von seiner Seite aus in der fünften Reihe steht, kann er **en passant** schlagen. Wenn man sich den Sinn der Regeln merkt, sind sie eigentlich ganz einfach.

DAS RICHTIGE SCHLAGEN

Die **en passant**-Regel geht davon aus, daß Bauern mit der einzigen Ausnahme des Eröffnungszuges nur ein Feld vorrücken. Der schwarze Bauer schlägt auf dem Feld, welches der weiße überquert hat, und stellt sich dort hin. Der weiße Bauer wird wie üblich vom Brett entfernt.

DROHUNG DES BAUERN
Der schwarze Bauer greift das Feld an, das der weiße gerade passiert hat.

DOPPELSCHRITT BAUER
Weiß hat zwei Felder vorgezogen.

TU ES SOFORT!

En passant kann nur im ersten Zug geschlagen werden, nachdem der feindliche Bauer auf der jeweils vierten Reihe aufgetaucht ist. Es wäre völlig unlogisch, wenn auch **Offiziere** Bauern **en passant** schlagen dürften. Dies bleibt das Privileg der Bauern.

• DAS AUSGELASSENE FELD
Der schwarze Bauer hat auf dem Feld geschlagen, das der weiße hinter sich gelassen hat.

Der weiße Bauer ist erobert.

PROBLEM

Kann Schwarz den rechten weißen Bauern **en passant** schlagen, wenn er zwei Felder vorzieht? Wie sieht es mit dem linken aus?

Zieht der weiße Bauer rechts zwei Felder vor, kann er genau wie auf der gegenüberliegenden Seite ***en passant*** *geschlagen werden. Zieht der linke weiße Bauer ein Feld vor, darf er nicht mehr geschlagen werden, weil er zwei Züge für zwei Felder gebraucht hat, wie es sich für Bauern eigentlich gehört.*

LEKTION 4

UMWANDLUNG

*Wie ein Bauer **Offizier** wird*

DIE LETZTE REIHE

Wenn ein Bauer die letzte **Reihe** auf der gegenüberliegenden Seite erreicht, verwandelt er sich in dem Moment in einen beliebigen **Offizier** der eigenen Farbe.

• **SCHWARZER BAUER**
Wenn er ein Feld vorzieht oder schlägt, wird er zumeist in eine Dame umgetauscht.

• **WEISSER SPRINGER**
Er kann jetzt von der neuen schwarzen Dame geschlagen werden, aber nicht umgekehrt.

SCHLAGENDER DURCHMARSCH

Bei dieser Umwandlung hat der Bauer den Springer geschlagen und so die letzte **Reihe** erreicht und ist zur Dame geworden. Theoretisch könnte jeder Bauer zur Dame werden.

DAMENWAHL
Für die Umwandlung ist es egal, wie der Bauer auf die letzte **Reihe** gelangt, oder ob die Dame seiner Farbe noch im Spiel ist.

DIE QUAL DER WAHL

Natürlich ist eine Dame die stärkste Figur, aber manchmal ist es durchaus sinnvoll, den Bauern in einen anderen **Offizier** zu verwandeln. Ein Springer z. B. könnte im nächsten Zug von einem Feld aus Schach bieten, das keine andere Figur in einem Zug erreichen kann. Deshalb ist er die häufigste Alternative zur Dame.

Bei der Umwandlung hat der Bauer die freie Auswahl.

UMWANDLUNG IN EINEN SPRINGER

Wenn der vorgerückte Bauer von Weiß den Läufer schlägt und zum Springer wird, bietet er in dem Moment **Schach** dem König und kann die schwarze Dame schlagen, wenn der schwarze König geflohen ist. Verwandelt er sich in eine Dame, ist Schwarz gefährlich am Zuge (wie?), zieht er geradeaus auf die letzte **Reihe**, wird er sofort von der Dame geschlagen.

• **KÖNIG**
Der König flieht, seine Dame ist verloren.

• **FELD DES SPRINGERS**
Hier bietet der weiße Springer **Schach** und kann die schwarze Dame schlagen.

ZWEI ODER MEHR DAMEN

Manchmal ist die eigene Dame noch im Spiel, wenn ein Bauer sich in eine weitere verwandelt. Dann kann man einen Turm umdrehen, weil er stabil steht, und zur Dame ernennen. Man kann auch einen Bauern markieren, einen Salzstreuer oder Feuerzeug nehmen, Hauptsache, es geht schnell. Aber weil all dies nur am Ende eines Spiels passieren kann, dürfte die ästhetische Improvisation nicht lange währen.

Umgedrehter Turm

Markierter Bauer

LEKTION

5 SCHACH

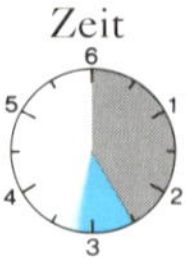

Definition: *Ein angegriffener König steht im „Schach".*

Wenn der König unmittelbar vom Schlagen durch den Gegner bedroht ist, muß man ihn im nächsten Zug aus dem **Schach** ziehen. Umgekehrt muß der Gegner natürlich sofort aus dem **Schach** ziehen, wenn man seinen König bedroht. Früher gehörte es zu den Regeln, in einer solchen Situation das Wort „**Schach**" auszusprechen. Diese Regel gibt es nicht mehr, aber Anfänger sollten trotzdem darauf zurückgreifen. Könige können sich gegenseitig kein **Schach** geben, und natürlich darf man seinen König nicht ins **Schach** ziehen.

ZIEL: Die Schachstellung zu erkennen. *Schwierigkeitsgrad* •••

BEDROHTER KÖNIG

Der weiße König steht im **Schach** und hat zwei unbedrohte Felder zur Auswahl. Wenn er auf das Eckfeld geht, kann Schwarz im nächsten Zug auf zwei Feldern ohne Rettung für Weiß Schach bieten.

ECKFELD • Zieht der weiße König hierhin, rückt die schwarze Dame geradeaus oder **diagonal** vor und gibt Schach.

EIN ZUG NACH LINKS
Hier hat der König noch Fluchtfelder, auch wenn die schwarze Dame wieder Schach bieten kann.

• **WEISSER KÖNIG**
Auf diesem Feld kann der weiße König nicht gefangen werden. Die Stellung ist ausgeglichen.

WEGE AUS DEM SCHACH

Man kann sich auf drei Arten aus dem **Schach** befreien. Der König kann auf ein unbedrohtes Feld ziehen, man kann die angreifende Figur schlagen oder eine eigene Figur zwischen sie und den bedrohten König stellen. Die letzte Möglichkeit greift natürlich nicht gegen einen Springer oder einen Bauern, sondern nur gegen die anderen **Offiziere**.

DREI MÖGLICHKEITEN
Der weiße Läufer bietet dem schwarzen König **Schach.** Alle drei Möglichkeiten stehen offen.

KÖNIGSZUG
Hier ist das grüne Feld die beste Wahl.

BLOCKIERUNG

In der obigen Stellung gibt es fünf Möglichkeiten, das **Schach** des Läufers durch das Blockieren seiner Angriffslinie aufzuheben. Bei jeder wird Schwarz eine Figur verlieren. Stellt sich der Turm dazwischen, wird er einfach geschlagen. Blockiert die Dame auf einem der zwei möglichen Felder die Linie, wird sie ebenfalls mit weiteren Vorteilen vom Läufer geschlagen. Wenn der schwarze Springer zieht, schlägt die weiße die schwarze Dame. Also könnte nur der schwarze Läufer die Linie sinnvoll blockieren.

LÄUFER
Durch diesen Läuferzug gibt es kein **Schach** mehr, aber er ist auf diesem Feld gefesselt.

SCHWARZER KÖNIG
Der König ist vor dem Angriff des weißen Läufers geschützt.

WEISSER TURM
Dieser Turm kann den schwarzen Turm mit **Schach** schlagen. Der schwarze Läufer kann sich nicht rühren.

SCHLAGEN
Schlägt der weiße den schwarzen Läufer, heißt es wieder **Schach**.

SCHLAGEN DES ANGREIFERS

Der schachgebende Läufer kann vom schwarzen Springer geschlagen werden. In dieser Stellung würde dann der weiße den schwarzen Turm mit **Schach** schlagen und in seinem nächsten Zug die weiße Dame gewinnen.

WEISSE DAME
Schlägt die weiße Dame zuerst den schwarzen Springer, gewinnt sie nur eine Figur zurück. Schlägt sie erst die schwarze Dame, verliert sie anschließend den Turm. Also zuerst: Weißer schlägt schwarzen Turm mit **Schach**.

LEKTION 5

SCHACHMATT

Wenn der König nicht mehr aus dem Schach kann, ist er ***matt.***

SIEG UND NIEDERLAGE

Schachmatt oder kurz nur **matt** beendet das Spiel. Gewonnen hat, wer im nächsten Zug den gegnerischen König schlagen könnte. Anfänger sollten bis zu diesem Siegeszug spielen. Erfahrene Spieler geben in der Regel schon vorher auf, wenn das Ende klar ist.

WEISSE DAME
Die Dame kann den schwarzen Turm nicht schlagen.

WEISSER KÖNIG
Der König steht ohne Luftloch im **Schach** des schwarzen Turmes.

MATT
Immer dann, wenn die schachgebende Figur nicht geschlagen oder blockiert werden oder der König aus dem **Schach** ziehen kann, ist die Partie **schachmatt.**

WEISSER KÖNIG
Wenn die eigenen Figuren die Flucht des Königs verhindern, nennt man dies ein „ersticktes" **Matt.**

SCHWARZER SPRINGER
Er kann weder blockiert noch geschlagen werden.

WEISSER TURM
Ohne seinen Turm könnte Weiß sich retten und gewinnen.

TURMSCHACH
Wie in der Stellung ganz oben kann der schwarze Turm weder geschlagen noch blockiert werden. Die Fluchtwege für den weißen König sind durch seine eigenen Figuren blockiert. Er ist **matt.**

ABZUGSSCHACH

Manchmal entsteht ein Schach dadurch, daß eine Figur von einer Linie wegzieht und damit einen anderen Angreifer nicht mehr blockiert. Dieses „Abzugsschach" ist äußerst gefährlich, weil die abziehende Figur eine andere angreifen kann und der König gleichzeitig im **Schach** steht. Wenn hier der weiße Läufer zwei Felder weiter zieht, muß zuerst der schwarze König aus dem **Schach,** und Weiß schlägt dann die schwarze Dame.

• LÄUFERZUG
Der Läufer zieht auf dieses Feld, der schwarze König steht durch den Turm im **Schach.**

EINE ANDERE VARIANTE
Wenn der Läufer auf das Grundlinienfeld zieht und hier die schwarze Dame bedroht, wobei der Turm gleichzeitig **Schach** bietet, kann die Dame sich schützend vor ihren König stellen. Der Turm wird sie schlagen, der König den Turm, und die Partie ist mit Sicherheit remis.

PROBLEM

Schwarz am Zug: Wie viele Schachs gibt es hier? Welches ist das beste?

EINE ART VON DOPPELSCHACH
Aus einem Doppelschach kann sich nur der König durch einen Zug ins Freie selbst retten, denn man kann nicht zwei Figuren gleichzeitig in einem Zug schlagen. Es entsteht bei einem Abzugsschach, wenn auch die abziehende Figur auf ihrem neuen Feld Schach bietet. In dieser Stellung ist Doppelschach nicht möglich, aber ein schönes Matt.

DER BESTE ZUG
*Der Läufer hat acht verschiedene Felder für ein Abzugsschach. Nur ein Zug setzt sofort **matt.** Bei drei Varianten gibt es **Matt** in zwei Zügen, bei einer in drei Zügen, und drei Varianten führen zu nichts.*

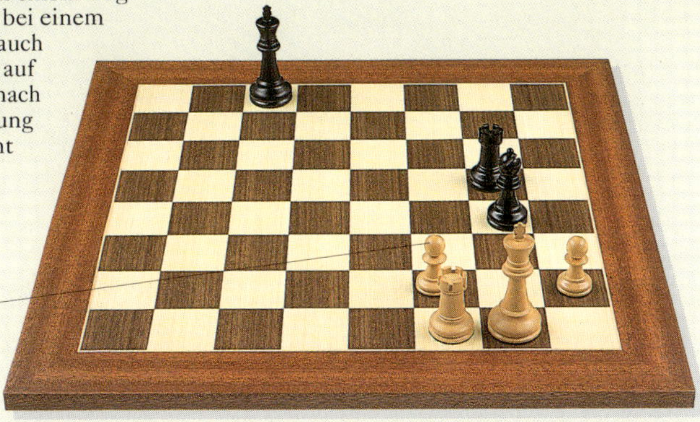

Dazu muß der Läufer auf dieses Feld ziehen.

LEKTION

6 REMIS

Zeit

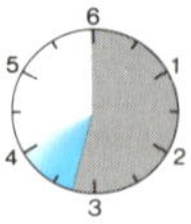

Definition: *Ein Spiel, das niemand gewinnen kann, endet remis.*

Nicht jedes Spiel endet mit einem Sieg. Die zweite Möglichkeit ist das Unentschieden. Die Spieler können sich jederzeit auf ein Remis einigen, z. B., weil kaum noch Figuren auf dem Brett sind. Mit nur den beiden Königen und dazu einem Springer oder einem Läufer kann keiner **matt** setzen. Es gibt drei Regeln, die das Ende einer Partie im Remis festlegen. Zwei werden hier erklärt, die dritte nur kurz gestreift.

ZIEL: Das Erlernen der Regeln des Remis. *Schwierigkeitsgrad* •••

PATT

Die Partie ist **remis,** wenn der Spieler am Zug nicht im **Schach** steht, aber keinen Zug mehr ausführen kann. Diese Stellung heißt **Patt** und unterläuft häufig Anfängern in einer Situation wie dieser.

WEISS IST PATT,
weil Weiß den König nicht ins **Schach** ziehen darf und alle erreichbaren Felder von der schwarzen Dame bedroht sind. Das Spiel endet unentschieden.

ZUFALL ODER ABSICHT?
Gute Spieler streben in einer verzweifelten Lage dieses Unentschieden an, Anfänger geraten eher zufällig hinein.

WEISSER KÖNIG •
Der weiße König darf nicht ins **Schach** auf die roten Felder ziehen.

REMIS DURCH WIEDERHOLUNG

Wenn die gleiche Stellung zum dritten Mal hintereinander durch Zugwiederholung entstanden ist, ist die Partie **remis.** Das **ewige Schach,** bei dem es kein wirkliches Entrinnen und kein Matt gibt, ist eine solche Situation.

EWIGES SCHACH
In dieser verzweifelten Stellung geht die weiße Dame auf die schwarze Grundlinie und bietet **Schach.** Schwarz hat nur einen Zug.

WEISSE DAME
Wenn die weiße Dame **Schach** bietet, zieht der schwarze König auf das schwarze Randfeld.

ZUGWIEDERHOLUNG
Nun zieht die weiße Dame mit Schach **diagonal** auf die Randlinie. Schwarz hat wiederum nur einen Zug. Nach zwei Wiederholungen endet dieses **ewige Schach** zwangsläufig im Remis.

DIE DRITTE REGEL
Wenn über 50 Züge kein Bauer bewegt und keine Figur geschlagen wurde, kann eine Seite ein Remis verlangen, sie muß aber nicht.

EIN ZUG
Es gibt nur eine Antwort.

DIAGONALE LINIE
Die weiße Dame zieht auf der Diagonalen hin und her.

JETZT KANN ES LOSGEHEN

Bis hierher sind alle Grundregeln des Schachs erklärt worden, nun kann man eine Partie spielen, vielleicht mit einem Freund oder mit einem Computer. Wenn man alle Figuren richtig zieht und solche Kleinigkeiten wie die nicht übersieht, daß beide Könige versehentlich längst im Schach stehen, dann ist es prima für den Anfang. Vom Sieg darf man erst später träumen.

LEKTION

7 NOTATION

Zeit

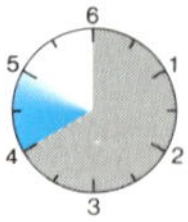

Definition: *Wie man eine Schachpartie aufschreibt und liest.*

Eine elementare Methode zur Verbesserung des eigenen Spiels besteht im Nachspielen anderer Partien. Stellungen werden üblicherweise durch **Diagramme** abgebildet. Für die Züge gibt es eine festgelegte Schreibweise, die jeder verstehen kann. Jedenfalls ist es leichter, eine Partie zu lesen, als die Geheimnisse der Züge wirklich zu verstehen.

ZIEL: Das Verstehen von Schachliteratur. *Schwierigkeitsgrad* •••

DIAGRAMM UND FIGUREN

Auf **Diagrammen** sind die Figuren leicht zu erkennende Abbildungen der Staunton-Figuren. Schwarz ist immer oben, Weiß unten.

Der Turm, T

Der Springer, S

Der Läufer, L

Die Dame, D

Der König, K

Der Bauer

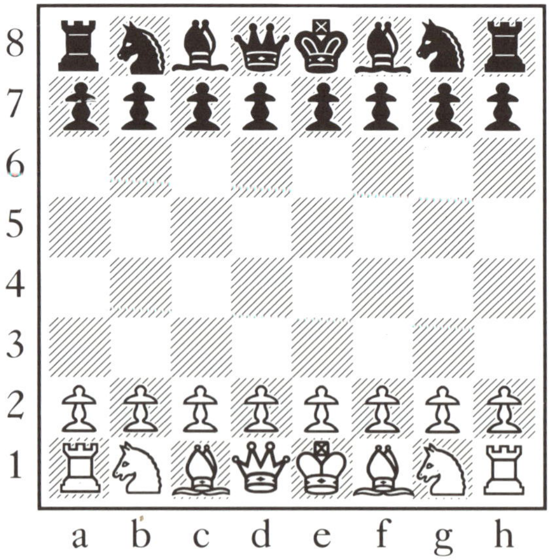

BEZEICHNUNG DER FIGUREN
Für die Figuren stehen die großen Anfangsbuchstaben ihres Namens. Nur für die Bauern schreibt man kein B, sondern gibt bei ihren Zügen nur das Feld an, auf das sie ziehen.

KOORDINATEN
Die acht mal acht Felder eines Schachbrettes werden durch Zahlen und kleine Buchstaben definiert. Den Reihen werden von unten nach oben die Zahlen 1 bis 8 zugeordnet, den Linien von links nach rechts die Buchstaben a bis h.

NOTATION

Dieses **Diagramm** zeigt die logische Benennung jedes einzelnen Feldes. Die Züge einer Partie werden beginnend mit 1 durchnumeriert und enthalten jeweils den weißen und den schwarzen Zug. Dazu wird für die Figur ihr Großbuchstabe angegeben und dahinter die Koordinaten des Feldes, auf das sie zieht. Wenn z. B. die beiden Springer auf das gleiche Feld ziehen könnten, notiert man zwischen dem Zielfeld und dem S das Herkunftsfeld des einen Springers, der tatsächlich zieht.

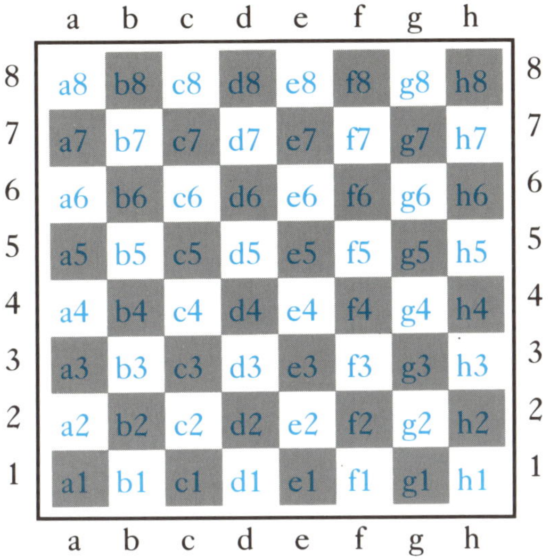

1 e4 e5

Als Eröffnungszug hat Weiß seinen Bauern von e2 nach e4 gezogen und Schwarz mit seinem Bauern von e7 nach e5 geantwortet.

7...Sxf2 8 Kxf2 dxe3+

Dies bedeutet, daß im siebten Zug der schwarze Springer auf f2 geschlagen hat, im achten Zug der weiße König auf demselben Feld zurückgeschlagen, und dann der schwarze Bauer von der d-Linie auf e3 mit Schach geschlagen hat.

SYMBOLE DER NOTATION

Das Symbol x vor dem Zielfeld bedeutet, daß hier eine Figur geschlagen wird. Bei Bauern gibt man vorher noch die Herkunftslinie an, bei **Offizieren** das Symbol für die schlagende Figur. Ein + nach dem Zug bedeutet Schach. Bei der **Umwandlung** eines Bauern in einen **Offizier** notiert man nach dem Grundlinienfeld das Symbol für die neue Figur. Die kurze **Rochade** auf dem **Königsflügel** schreibt man O-O, die auf dem Damenflügel O-O-O. Für einen nicht notierten Zug steht …

KLEINE ÜBUNGEN

Zur Übung sollte man ein paar Partien oder Stellungen nachspielen. Die „Probleme“ oder Aufgaben „matt in 2 Zügen“ in manchen Zeitungen sollte man zunächst auslassen – sie stammen selten aus Spielen.

Man notiert 1…Lxd4, wenn der schwarze Läufer auf b6 den Mittelbauern geschlagen hat.

Wenn Weiß mit dem Springer auf f3 zurückschlägt, notiert man 2 Sf3xd4.

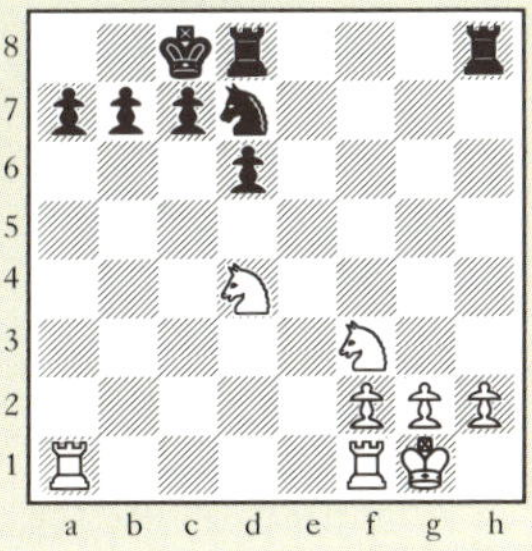

Nun führt Schwarz einen Turm auf die offene e-Linie, und wir schreiben 2…Th8e8.

LEKTION

8 DAS SPIEL

ZEIT

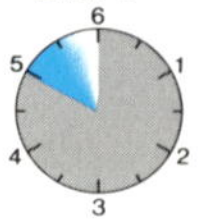

Definition: *Hinein in den Kampf.*

Im ersten Schachspiel hat man wahrscheinlich genug Mühe, die Figuren richtig zu ziehen, und keine Zeit für große Pläne. Das macht nichts. Mit ein wenig Übung kommen die Züge von allein. Wenn man soweit ist, bleibt die Frage, wie man gewinnt. Bei der Logik des Schachs gibt es keinen Geniestreich, der ohne irgendeinen „Fehler“ des Gegners zum Sieg führt.

ZIEL: Zu erlernen, wie man Züge plant. *Schwierigkeitsgrad* ••••

VERTEIDIGUNG UND ANGRIFF

In einer guten Partie versuchen natürlich beide Spieler, Drohungen aufzubauen oder diese abzuwehren. Irgendwann erreicht eine Seite Vorteile, und die andere findet keine Gegenrezepte mehr.

EXPERTEN UNTER SICH
Die Stellung unten wurde wie folgt weitergespielt: 9 Sa3 Dc7 10 Ld2 Sc6 11 Sb5 Db8 12 Sd6 + Lxd6 13 exd6 d4 14 c5 a6 15 h4 h5 16 Ld3 b6 17 Lxg6 fxg6 18 Dxg6 + Kf8 19 Sg5 Sd8 20 Sh7+ Kg8 21 Sf6+ Kf8 22 De8 matt.

ENTSCHEIDUNG FÜR WEISS •
Der 13. Zug von Schwarz mit dem Bauern nach d4 ist ein Fehler, weil Weiß seinen Bauern auf d6 mit dem Zug c5 decken kann.

• **BAUERNFESTUNG**
Bisher ging es um den starken Bauern auf e5, deshalb spielt die Dame bei Weiß eine untergeordnete Rolle.

TSCHIGORIN–TARRASCH

Tarrasch hat diese Partie gegen Tschigorin auf sieben Buchseiten analysiert. Die Grundzüge der Strategien sind auch für Anfänger zu begreifen, allerdings kaum der Sinn jeden Zuges.

ZÜGE BIS ZU DIESER STELLUNG
1 e4 e6 2 De2 c5 3 g3 Sc6 4 Sf3 Le7 5 Lg2 d5 6 d3 Sf6 7 0-0 0-0 8 Sc3 a6 9 Lg5 h6 0 Lf4 b5 11 Tfe1 d4 12 Sd1 Sd7 13 Kh 1 Te8 14 Tg1 e5 15 Ld2 Sf8 16 Se1 Se6 17 f4 Lb7 18 f5 Sg5 19 Sf2 Tc8 20 Dh5 Sh7 21 Sf3.

ANGRIFFE AUF VERSCHIEDENEN FLÜGELN

Oben: Weiß greift auf dem **Königsflügel** an, und Schwarz entfaltet Druck auf dem **Damenflügel**
21 ... c4 22 Lf1 cxd3 23 cxd3 Sg5 24 Lxg5 Lxg5 25 Sg4 Kf8 26 Le2 Lf6 27 h4 Dd6 28 Sfh2 Se7 29 Taf1 Sg8 30 Ld1 Tc7 31 Lb3 Tec8 32 Sf2 Ld8.
Um die c-**Linie** zu kontrollieren, muß Schwarz den weißen Läufer auf den weißen Feldern schlagen. Deshalb zieht Schwarz a4 und jagt den Läufer über sechs Felder.

ZÜGE BIS ZU DIESER STELLUNG
33 De2 a5 34 Sf3 a4 35 Ld1 Lc6 36 g4 f6 37 Sh3 Le8 38 Dh2 Lf7 39 a3 Lb3 40 Sf2 Lxd1 41 Sxd1 Tc2 42 Dg3 b4 43 axb4 Da6 44 Sf2 Txb2 45 g5 hxg5 46 hxg5 Tcc2.

SCHWARZ STEHT AUF GEWINN

Oben: Nach dem 46. Zug kann man die Strategien beider Seiten klar erkennen.
Das Spiel endete so:
47 Sg4 Dd6 48 gxf6 Lxf6 49 Dh3 a3 50 Sxf6 Dxf6 51 Tg6 a2 – Anfänger würden kaum auf diesen Zug kommen – 52 Txf6+ gxf6 53 Td1 Tb1 54 Df1 Tcb2 55 Sd2 Txd1 56 Dxd1 Txd2 57 Dc1 (und nicht Dxd2 a1=D+).

DAS ENDE
Die letzten Züge bis zur Aufgabe waren diese:
57 ... Txd3 58 Kg2 Tc3 59 Da1 Tc2 + 60 Kf3 d3 61 Dd1 Tb2 62 Da4 d2 Weiß gab auf.

„BERÜHRT GEFÜHRT"

Wenn man am Zuge ist, sollte man nur die Figur anfassen, die man wirklich ziehen und nicht geraderücken will. Bis vor kurzem galt die Regel „berührt geführt", und der Spieler mußte diese Figur ziehen, es sei denn, er hatte vorher auf eine kleine Korrektur aufmerksam gemacht. Man sollte allerdings nie einen ausgeführten Zug zurücknehmen wollen und dies auch dem Gegner nicht gestatten. So etwas zerstört das Spiel.

LEKTION

8 BEENGTE STELLUNG

Hier ist Schwarz am Zug. Schwarz ist nicht nennenswert bedroht und hat selbst keinen unmittelbaren Angriff. Weil die schwarzen **Offiziere** kaum Bewegungsraum haben, könnte Schwarz durch Abtausch seine Stellung verbessern. Schwarz will den Damenläufer ins Spiel bringen, aber bei 1...b6 erhielte Weiß mit 2e4 ein starkes Zentrum. Besser ist wohl 1... Sd5 2 Lxe7 Dxe7 3 0-0 Sxc3 4 Txc3 e5. Schwarz steht gut.

DAMENLÄUFER
Schwarz muß dringend auch diesen Läufer ins Spiel bringen.

VORGEZOGENER LÄUFER
Nach 1...Sd5 ist dieser Läufer zweimal angegriffen und nur einmal gedeckt.

ABZUGSANGRIFF

1 Sf4 sieht nach einem guten Zug aus. Schwarz scheint durch Abtausch in der Mitte einen Bauern zu gewinnen. 1...cxd4 2 cxd4 Sxd4 3 Sxd4 Dxd4 4 Lxh7+... Die schwarze Dame ist verloren.

SCHWARZER BAUER
Der einzige wirkliche Angriff für Schwarz besteht in f6, um das weiße Bauernzentrum aufzubrechen.

DAMENLÄUFER
Wenn er nach e3 ginge, wäre b2 ungedeckt.

d-BAUER
Weil er dreimal angegriffen wird, müssen beide weiße Springer ihn decken.

MITTELSPIEL

Die ersten Züge sind gemacht, und Weiß könnte in dieser Stellung auf dem **Damenflügel** (links), Schwarz auf dem **Königsflügel** (rechts) angreifen wollen. Etwa so: 1 b4 Sh5 2 c5 Sf4 3 Lxf4 exf4. Oder so: 1 Se1 Sd7 2 Sd3 (mit Kontrolle über b4, c5, e5, f4), oder auch so: 1 Ld2 Sh5 2 g3 f5 3 ex5 Sxf5. Viele Wege führen nach Rom.

EINE ALTERNATIVE
Sd2 sieht schwach aus, aber von hier könnte er nach c4: 1 Sd2 Sd7 2 b4 f5 3 f3 Sf6 4 c5 f4 5 Sc4.

ÜBERLASTETER BAUER
e7 muß zwei Figuren decken, aber 1 Sxd6 führt zu einem klaren Vorteil für Schwarz: 1…Dh7 + 2 Kg2 Tc1.

SCHWERE ENTSCHEIDUNG

Was kann man tun? 1 Te2 Tc2 und dann **Abtausch** der Türme ist wohl für Schwarz besser als 1... Tc1 2 Txe7 Lxe7 3 Sxd6+ (Abzugsschach!) Kg7 4 Dxf7+ Kh8 5 De8+ Kg7 6 Dxe7+. Weiß könnte auch 1 Tf2 spielen, um den Springer auf f5 zu decken, wenn Schwarz Tc3 zieht.

SCHLECHTE ZÜGE

Macht der Gegner einen schlechten Zug, muß man dies ausnutzen. Aber Vorsicht! Die Stellung rechts nach 1 e4 e5 2 Sf3 f6 ist so eine Situation. Also: 3 Sxe5 fxe5 4 Dh5+ g6 5 Dxe5+ De7 6 Dxh8. Wenn Schwarz aber 3 ... De7 spielt, wäre 4 Dh5 + g6 5 Sxg6 Dxe4 + 6 Le2 Dxg6 ein Fehler.

SPRINGER NACH VORN
Nach 3 Sxe5 De7 geht es vorteilhaft für Weiß nur so: 4 Sf3 Dxe4+ 5 Le2 oder 4 ...d5 5 d3 dxe4 6 dxe4.

LEKTION

9 Wert der Figuren

ZEIT

Definition: *Ein Maßstab für den Wert der Figuren.*

Für den Wert der Figuren hat sich im Laufe der Zeit ein Maßstab entwickelt, der für die Beurteilung eines **Abtausches** nützlich ist. Natürlich kann dies nur eine Richtschnur sein, der man in vielen Situationen zum eigenen Vorteil nicht folgen muß. Aber besonders für den Anfänger ist es sinnvoll, einen Figurentausch danach zu beurteilen.

ZIEL: Den relativen Wert jeder Figur erkennen. *Schwierigkeitsgrad* ••

Der Wert der Offiziere

Man drückt den Wert der **Offiziere** durch die Zahl der Bauern aus, die etwa die gleiche Spielstärke an ihrer Stelle hätten. Dieser Maßstab gilt natürlich nur abstrakt. Ganz allgemein gilt ein Spiel als ausgeglichen, wenn beide Seiten gleichwertiges Material auf dem Brett haben und keine einen positionellen Vorteil hat.

ZÄHLWEISE
Die „Einheit" zur Bestimmung des Wertes der Figuren ist der Bauer, weil er die schwächste Figur ist. Dies gilt nur als Grundregel, denn wenn er im Begriff ist, sich in eine Dame zu verwandeln, ist er natürlich enorm wertvoll.

LEICHT UND SCHWER
Nur mit Springer oder Läufer neben dem König kann man nicht matt setzen. Deshalb nennt man diese **Offiziere Leichtfiguren**. Mit Turm oder Dame kann man matt setzen. Sie sind die **Schwerfiguren**. Allen **Offizieren** wird ein Wert in Bauerneinheiten zugeordnet, nur dem König nicht.

Außer dem König haben alle Offiziere einen Wert.

LEICHTFIGUREN

Springer und Läufer haben den Wert von drei Bauern. Könner halten den Läufer häufig für etwas stärker, Anfänger dagegen schätzen zumeist den Springer etwas höher. Beide Läufer zusammen sind sicher stärker als zwei Springer oder ein Läufer und ein Springer.

Drei Bauern

Springer und Läufer sind etwa gleichwertig.

TURM

Er hat den Wert von fünf Bauern. Wenn man gegen eine **Leichtfigur** einen Turm gewinnt, hat man eine **Qualität** gewonnen (zwei Bauern mehr). Der Turm kann mit Unterstützung seines Königs den Gegner matt setzen.

Fünf Bauern

Der Turm ist mehr wert als eine ***Leichtfigur.***

DAME

Ihr Wert beträgt neun Bauern, also etwas weniger als zwei Türme und soviel wie drei **Leichtfiguren**. Anfängern, die das koordinierte Zusammenspielen aller Figuren natürlich noch nicht beherrschen können, erscheint die Dame häufig noch wertvoller als nur neun Bauern.

Neun Bauern

Die Dame hat den Wert von drei ***Leichtfiguren.***

— FALSCHE WERTSCHÄTZUNG —

Nach 1... e3+ 2 Kg1 exd2 hat Schwarz eine Dame gewonnen und ist mit 3 Te8 matt. Weiß kann e3 nicht mit Turm oder Dame schlagen, weil Sg4+ droht.

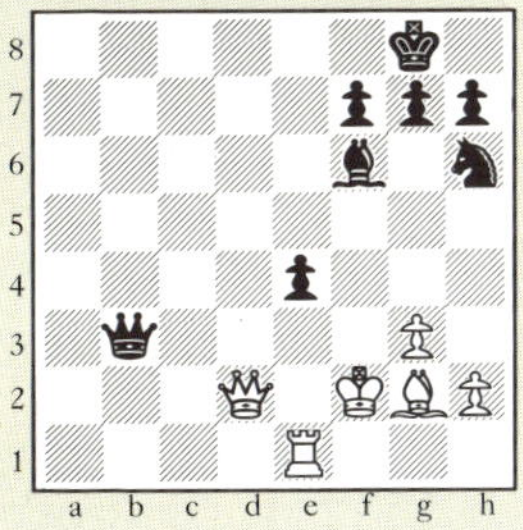

LEKTION

9 DROHUNGEN

Man nennt es eine Drohung, wenn man eine nicht gedeckte Figur angreift. Besser natürlich zwei. Weiß greift den schwarzen Turm und gleichzeitig den Springer g5 an, jeder könnte sich retten, aber nicht gleichzeitig. Wenn der zweite Springer nicht auf f4 stände, könnte der Turm nach g4 ziehen und den Springer retten.

• **WEISSE DAME** Sie greift gleichzeitig den schwarzen Turm und einen der Springer an.

• **SCHWARZER SPRINGER** Dieser Springer blockiert den Weg des Turmes nach g4, die einzige Rettung.

WEISSE DAME • Sie wird vom Turm bedroht, der weniger wert ist.

KEINE DROHUNGEN

Wenn man eine gedeckte Figur von geringerem Wert als die jeweils eigene angreift, stellt dies keine Drohung dar. Hier bedroht die weiße Dame den schwarzen Turm nicht. Umgekehrt ist dies allerdings eine Drohung. In dieser Stellung würde ein Austausch der beiden trotz des **Qualitätsgewinns** für Schwarz remis bedeuten, weil mit nur noch einer Leichtfigur kein Matt möglich ist.

MEHRFACHANGRIFF

Häufig wird eine Figur mehrfach angegriffen und mehrfach gedeckt, und man muß überlegen, ob man nach einem Schlagabtausch Material gewonnen, verloren oder wieder ausgeglichen hat. Kann Weiß hier den Bauern auf d4 gewinnen? Nein, denn nach mehrfachem Abtauschen hat Weiß einen **Offizier** für den Bauern verloren.

SCHWARZER BAUER • Drei weiße Offiziere und ein weißer Bauer bedrohen den schwarzen Bauern auf d4.

• **VERTEIDIGUNG** Vier schwarze Offiziere und ein schwarzer Bauer sind ein solider Schutz für den schwarzen Bauern d4.

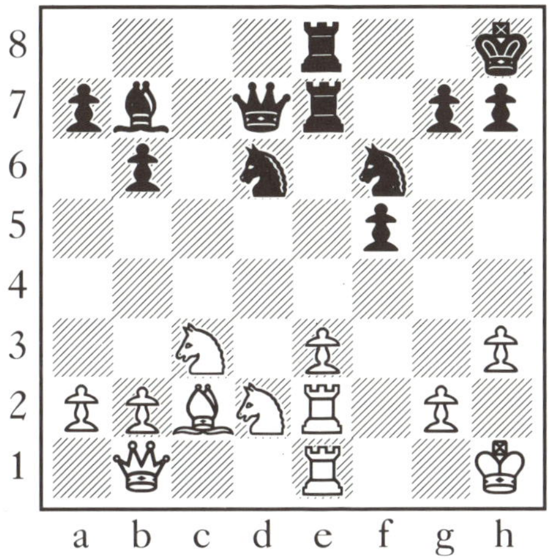

VERTEIDIGUNG

Würde in dieser Stellung Weiß Material verlieren, wenn sein Bauer nach e4 ginge? Weil es wirklich verwirrend ist, dies Zug für Zug auszurechnen, zählt man einfach, wie oft eine Figur angegriffen und wie oft sie verteidigt ist. Gibt es mehr Angreifer als Verteidiger, kann man schlagen. Sonst eben nicht.

WEISSER BAUER

Zieht der Bauer nach e4, wird er sechsmal angegriffen und sechsmal verteidigt. Er kann also ziehen.

TAUSCHWERTE

Allerdings muß man sich auch noch über den Wert der beteiligten Figuren klarwerden. In der Stellung oben sind sie absolut gleichwertig. Würden aber die weiße Dame und der weiße Läufer ihre Felder tauschen, dann würde Weiß seinen Bauern auf e4 verlieren.

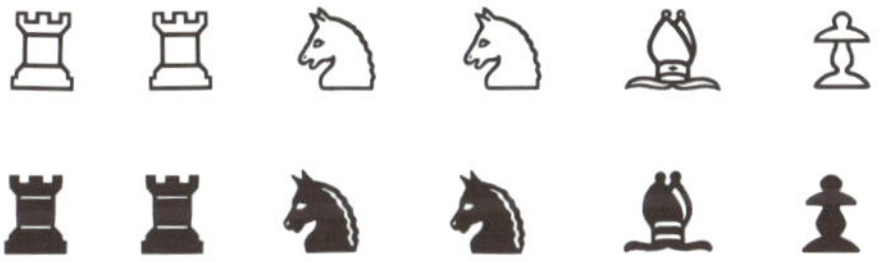

Hier gäbe es einen gleichen ***Abtausch*** *von je fünf* ***Offizieren*** *und je einem Bauern.*

PROBLEM

KANN WEISS EINE FIGUR GEWINNEN?

Würde Weiß dabei in dieser Stellung Material verlieren?

Weiß könnte zwei Bauern für einen Springer gewinnen: 1 Sxe4 dxe4 2 Txe4. Der schwarze Materialwert wäre 8, der weiße 7, aber Schwarz könnte nicht gewinnen. Nach einem Turmtausch kann nur noch Weiß gewinnen.

VORTEIL FÜR WEISS?

Wie sieht hier die Bilanz aus, wenn Weiß zuerst zieht?

Weiß gewinnt zwei ***Offiziere*** *im Tausch für die Dame. Vorher war der Wert für Weiß 15 und für Schwarz 8, nach dem Tausch ist er für Weiß 5 und für Schwarz 0. Die Materialüberlegenheit ist kleiner geworden, aber das Spiel sicher gewonnen. Mit Königen natürlich.*

LEKTION

10 DIE ERÖFFNUNG

Definition: *Die ersten Züge*

Mit den ersten Zügen versucht man seine **Offiziere** ins Spiel zu bringen und so viele Felder wie möglich, hauptsächlich in der Mitte, unter seine Kontrolle zu bekommen. Von den **Offizieren** kann im ersten Zug nur der Springer gezogen werden. Nach drei Zügen von beiden Seiten sind bereits mehr als 9 Millionen verschiedene Stellungen denkbar. Deshalb ist es unverzichtbar, die entscheidenden Ideen für **Eröffnungen** zu verstehen.

ZIEL: Das Erkennen der Ideen hinter den Eröffnungszügen. *Schwierigkeitsgrad* •••

EIN BELIEBTER ZUG

Wie viele verschiedene Züge kann man in der **Grundstellung** machen? Es sind genau 20. Weil die **Leichtfiguren** in der Mitte größere Wirkung haben (s. S.24-25 und 30-31), sollte man sie zuerst entwickeln.

ERSTER ZUG
Die häufigste Eröffnung ist 1 e4. Sie macht die Bahn für den Königsläufer und die Dame frei und kontrolliert zwei Zentralfelder.

• ANTWORT VON SCHWARZ
Aus den gleichen Gründen antwortet Schwarz häufig mit 1…e5.

DIE ZWEITE FORM

Fast ebenso häufig mit ähnlichen Zielen wird als Eröffnungszug d4 gespielt. Am Anfang sollte man bei einem dieser Eröffnungszüge bleiben.

SCHWARZE ANTWORT

Bewährt ist hier natürlich 1…d5. Auch 1…Sf6 wird häufig gespielt.

BEKANNTE ERÖFFNUNGEN

Diese drei Stellungen zeigen berühmte Eröffnungen. Der jeweils typische Zug wird durch die grünen Felder gezeigt. Bei der sizilianischen Verteidigung antwortet Schwarz mit c5. Beim Königsgambit (s. S. 61) bietet Weiß im zweiten Zug ein Opfer an. Die ersten Züge der spanischen Eröffnung sieht man unten rechts. Sie ist absolut solide und wird seit Jahrhunderten gespielt.

Sizilianische Verteidigung

Königsgambit

Spanische Eröffnung

LEKTION
10 ANGESTREBTE STELLUNGEN

Wie man in gute Positionen kommt, auch wenn der Gegner stört.

IDEAL

So könnte eine wirkungsvolle Anfangsstellung für Weiß aussehen. Kein Bauer ist überflüssigerweise bewegt worden, die **Leichtfiguren** stehen auf guten Feldern, der König hat rochiert, und die Türme sind miteinander verbunden.

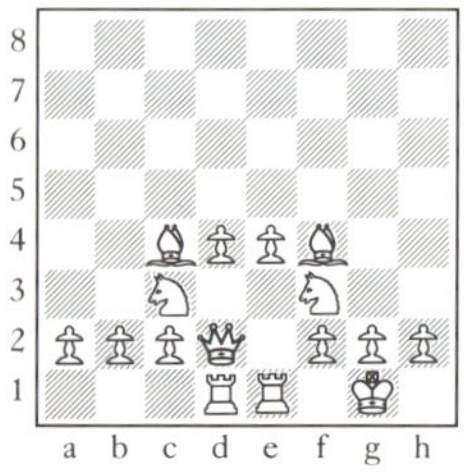

HINDERNIS Der Gegenspieler wird natürlich das Erreichen dieser Idealstellung verhindern wollen.

SCHWARZE DAME Sie deckt den angegriffenen Springer auf c5.

SCHOTTISCH

Diese **Eröffnung** demonstriert die Grundprinzipien. Jeder Zug kontrolliert das Zentrum, verbessert die Beweglichkeit der **Offiziere**, schafft Drohungen oder begegnet ihnen. Nach 1 e4 e5 2 Sf3 Sc6 3 d4 exd4 4 Sxd4 Lc5 5 Le3 Df6 6 c3 Sge7 stehen beide gleich gut. 5 Le3 ist eine versteckte Drohung auf den Lc5, wenn 6 Sxc6 erfolgen sollte.

DRACHENVARIANTE

Die sizilianische Verteidigung (s. S. 59) 1 e4 c5 übt auf andere Art Druck auf das Zentrum aus. Die Drachenvariante sieht so aus: 2 Sf3 d6 3 d4 cxd4 4 Sxd4 Sf6 5 Sc3 g6 6 Le3 Lg7. Die Entwicklung des Läufers auf die **Diagonallinie** nennt man *fianchetto*. Nach 7 Le2 Sc6 sind die Stellungen ausgeglichen.

SCHWARZER LÄUFER Der Läufer zielt auf der **Diagonalen** ins Zentrum.

GRÜNFELD-VERTEIDIGUNG

Bei dieser Spielweise versucht Weiß, das Zentrum direkt zu kontrollieren, während Schwarz von außerhalb Druck ausübt. 1 d4 Sf6 2 c4 g6 3 Sc3 d5 4 cxd5 Sxd5 5 e4 Sxc3 6 bxc3 c5. Schwarz will Lg7 spielen. Der Kampf ums Zentrum kann beginnen.

BAUERNKONTROLLE
7 dxc5 ist kein guter Zug. Weiß verliert die Kontrolle von Zentralfeldern und bekommt eine schwache c-Linie. Außerdem kann Schwarz den Bauern leicht zurückgewinnen.

SCHWARZER LÄUFER
Von g7 aus bedroht der Läufer die Zentralfelder e5 und d4, ebenso den schwarzen Bauern c3 und den weißen Turm a1.

KÖNIGSGAMBIT

Diese altmodische Eröffnung ist wegen ihrer taktischen Überlegungen ein gutes Lehrbeispiel. Nach 1 e4 e5 2 f4 nimmt Schwarz das Bauernopfer (Gambit) mit 2...exf4 an. 3 Lc4 Dh4+ bietet sich an, ist aber kurzsichtig. Wenn Weiß 4 g3 fxg3 5 hxg3 spielt, ist der Turm verloren. Also: 4 Kf1 g5 zur Verteidigung des Bauern f4, 5 Sc3 Lg7 6 d4 Se7. Weiß kann zwar nicht mehr rochieren, hat aber ausreichende Kompensation für den Gambitbauern. Die schwarze Dame steht schlecht.

SCHWARZE DAME
Ihre Stellung ist sehr verwundbar.

ZENTRUMSKONTROLLE
Trotz des Bauernopfers ist Weiß im Zentrum stark.

LEKTION

11 DIE TAKTIK

ZEIT

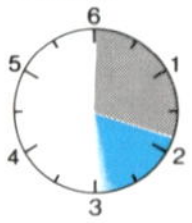

Definition: *Der Kampf um den schnellen Vorteil*

Taktik ist die Kunst, unmittelbare Bedrohungen zu schaffen oder abzuwehren. Man muß seine Chancen suchen, darf aber nie vergessen, daß der Gegner das Gleiche tut. Taktik entscheidet die meisten Schachspiele. Man muß viel spielen, um sie sich anzueignen. Es gibt einige Elemente, die in verschiedener Form immer wieder auftauchen: der **Doppelangriff**, die **Fesselung**, die **Überlastung** von Figuren und das **Opfer**. Diese Begriffe werden hier erklärt. Beim Spielen wird man sie wiedererkennen und allmählich vorhersehen können.

ZIEL: Drohungen zu entwickeln und ihnen zu begegnen. *Schwierigkeitsgrad* •••

DIE GABEL

Eine Form des **Doppelangriffs** ist das **Abzugsschach** (s. S. 44-45). Eine andere die Gabel. Ein Bauer, zumeist aber der Springer, greift gleichzeitig zwei gegnerische Figuren an. Wenn diese Dame und König sind, nennt man die Stellung auch „Familienschach".

• **BAUERNGABEL**
Wenn man auf den Bauern nicht aufpaßt, kann er einem diesen Streich spielen.

• **SPRINGERGABEL**
Turm und Dame sind gleichzeitig angegriffen. Weiß wird eine Qualität gewinnen.

ANDERE GABELN
Man kann es auch als Gabel bezeichnen, wenn Turm, Läufer oder Dame auf eine Linie oder Reihe ziehen und von dort aus in beiden Richtungen zwei Figuren gleichzeitig angreifen.

DER DOPPELANGRIFF

Auch Läufer, Turm und Dame sind natürlich zu **Doppelangriffen** fähig, wenn sich auf ihrer Angriffslinie eine ungedeckte Figur in Sicherheit bringen muß und dahinter sofort eine weitere angegriffen ist. Das bringt dann Vorteile, wenn auch die zweite Figur ungedeckt oder von größerem Wert als der Angreifer ist.

UNGEDECKTER SPRINGER

Wenn sich der schwarze Springer rettet, gewinnt Weiß durch Schlagen des Turms die **Qualität**. Schwarz wird hier lieber seinen Turm behalten wollen und den Springer verlieren.

WEISSER LÄUFER
Der Läufer greift den ungedeckten Springer und den Turm an.

VERHINDERTE UMWANDLUNG

Weiß zieht hier den Turm nach h8. Schwarz muß den Bauern auf a7 schlagen, um seine **Umwandlung** in eine Dame auf a8 zu verhindern. Zieht Weiß jetzt Th7+, entsteht ein für Endspiele typischer Doppelangriff mit Gewinn des schwarzen Turms. Es hilft Schwarz hier nichts, zuvor den Th8 mit Kg7 anzugreifen, denn im nächsten Zug decken sich der weiße Turm und die weiße Dame auf a8 gegenseitig.

WEISSER TURM
Er zieht, um den Vormarsch des Bauern zu decken.

PROBLEM

Wie kann Weiß hier eine **Gabel** oder einen **Doppelangriff** erreichen?

Lb5 greift beide Türme an und führt nach Ta6 oder Tc4 zum ***Qualitätsgewinn,*** *ebenso der Doppelangriff 1 Dh4+ Ke3 2 Dxa4 Kxd3.*

LEKTION

11 DIE FESSELUNG

Schützt bei einem **Doppelangriff** die erste Figur eine besonders wertvolle dahinter und kann also nicht wegziehen, nennt man dies eine **Fesselung**. Werden König oder Dame nur noch so geschützt, gibt es häufig kein Entrinnen mehr.

GEFESSELTER SPRINGER
Der schwarze Springer ist vor seinem König gefesselt und kann natürlich den weißen Springer nicht schlagen.

SCHWARZER SPRINGER
Er ist zweimal angegriffen und nur einmal gedeckt, also verloren.

GEFESSELTER LÄUFER
Auch dieser schwarze Läufer ist gefesselt, aber er könnte den weißen Läufer schlagen, wenn Schwarz am Zug ist.

SCHWARZER LÄUFER
Weiß am Zug gewinnt den Läufer, Schwarz am Zug würde die Läufer abtauschen.

FESSELUNG VOR DER DAME

Wird nicht der König, sondern die Dame z. B. durch einen Springer geschützt, dürfte dieser natürlich ziehen, aber die Dame wäre verloren. Die Stellung rechts kann leicht beim Damengambit entstehen, einer populären Eröffnung.

WEISE VORAUSSICHT
Hier kann Schwarz aber den Spieß umdrehen, denn nach 7 ... Lb4 + hat Weiß nur den Zug 8 Dd2. Und gleich hat Schwarz eine Figur gewonnen: 8 ... Lxd2 + 9 Kxd2 Kxd8. Also aufgepaßt!

ZÜGE ZU DIESER STELLUNG
Nach 1 d4 d5 2 c4 e6 3 Sc3 Sf6 4 Lg5 ist der Springer gefesselt, weiter ...Sbd7 5 cxd5 exd5.

UNGEDECKTER BAUER
d5 scheint ungedeckt, denn 6 Sxd5 Sxd5 7 Lxd8 verliert die Dame.

ÜBERLASTUNG

Wenn eine Figur zwei andere decken muß, die jeweils von einem Gegner angegriffen werden, ist dies zuviel des Guten. Wird eine davon geschlagen, ist die zweite nach Wiederschlagen ungedeckt.

ÜBERLASTETER SCHWARZER TURM
Hier hat der Turm zu viele Aufgaben. Er deckt seinen Springer und seine Läufer. Nach 1 Lxb5+ Txb5 ist der Läufer ungedeckt. Weil der Springer gefesselt ist, würde 1 Tg5 zum gleichen Ergebnis führen.

• GEFESSELTER SPRINGER
Der Springer schützt gegen das weiße Läuferschach und ist gefesselt.

SCHWARZER TURM •
Die Deckung des Läufers auf c5 ist nur scheinbar.

• GRUNDREIHE
Der Turm bewacht auch die Grundreihe.

GRUNDREIHENMATT

Manchmal ist eine **Überlastung** nicht so offenkundig. Zwar deckt der schwarze Turm seinen Läufer, aber er hat noch eine wichtigere Aufgabe. Denn nach 1 Sxc5 Txc5 2 Td8 ist Schwarz **schachmatt,** weil der König kein Luftloch hat.

ANGRIFF AUF ZWEI FIGUREN
Ein Meisterstück von Paul Morphy aus dem 19. Jahrhundert: Er zieht 1 Db4 und greift ungedeckt die schwarze Dame und den Läufer an. Falls 1 ... Dxb4, dann 2 Te8 + Df8 3 Txf8+. Häufig hilft es, wenn sich die angegriffenen Figuren gegenseitig decken können. Hier aber nicht: 1 ...Dc8 2 Dxb7 Dxb7 3 Te8 **matt**.

ALTERNATIVE ANTWORT
Kann man mit einer der angegriffenen Figuren dem Gegner **Schach** bieten, gewinnt man häufig einen Zug zur Rettung der anderen. Hier hilft 1...Df4 + 2 Kb1 wiederum nicht, weil zumindest der Läufer verloren ist.

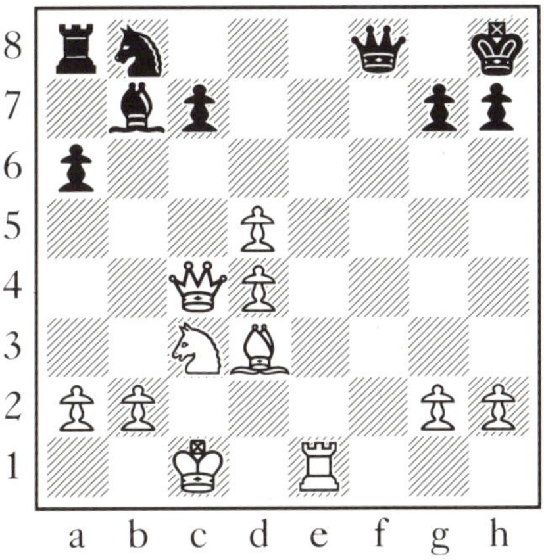

LEKTION

11 OPFER

Wenn man absichtlich für eine eigene Figur keine oder nur eine von geringerem Wert zurückerhält, ist dies ein **Opfer**. Die Kunst besteht darin, trotzdem einen Vorteil zu erhalten, z. B. eine offene Linie oder die Beseitigung eines wichtigen Verteidigers.

• EIN GABELFRÜHSTÜCK
1 Sd6 würden die ungedeckten Te8 und Lb5 angreifen. Wegen cxSd6 geht es so nicht.

WEISSE PLÄNE
1 Txb6 cxb6 2 Sd6 wird Weiß den zweiten Läufer für seinen Turm gewinnen. Bei 1… Txe4 spielt Weiß 2 Txb5 und nicht 2 fxe4 cxb6.

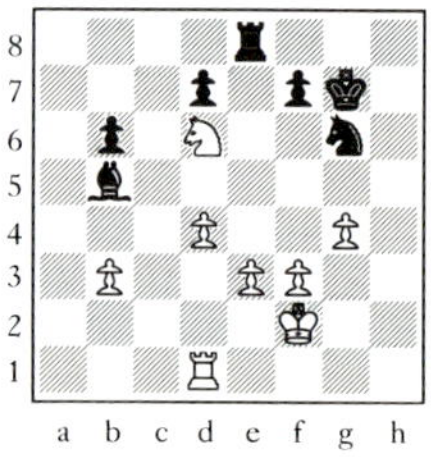

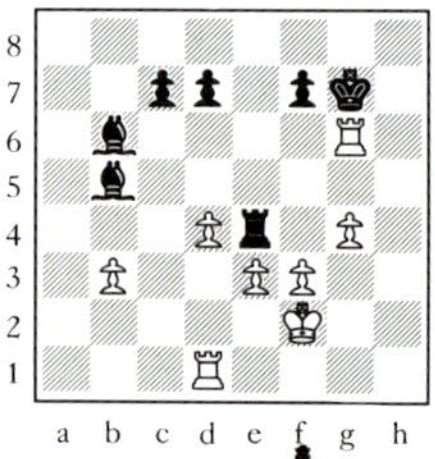

SCHWARZE PLÄNE
Wäre Schwarz am Zug mit 1…Txe4, würde er bei 2 fxe4 Kxf6 einen Offizier gewinnen, nicht aber bei 2 Txg6+.

EIN KÖNIGLICHES OPFER

In diesem Spiel hat Weiß zugunsten der Entwicklung seiner Offiziere zwei Bauern geopfert. Schwarz hat mehr Material, Weiß einen Stellungsvorteil. Der muß zügig genutzt werden. Weiß ist am Zug.

• DAMENOPFER
Weiß kann hier 1 Dxd5+ exd5 seine Dame opfern – zugegeben schwer zu finden.

TURM MATT
Aber der nächste Zug 2 Lb6+ ist wohl noch schwerer, denn nach der einzigen Antwort 2 … axb6 folgt 3 Te8 matt.

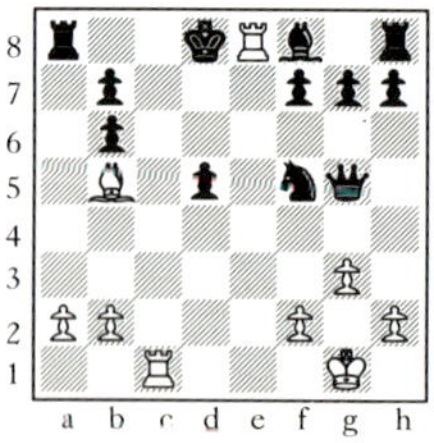

BESSERE ENTWICKLUNG
Alle weißen Offiziere sind aktiv, die schwarzen Türme nicht.

VARIANTE 2
Bei 1 Dxd5 Kc7 (oder Kc8) folgt das Abzugsschach 2 Lxa7+ Lc5 3 Txc5 matt.

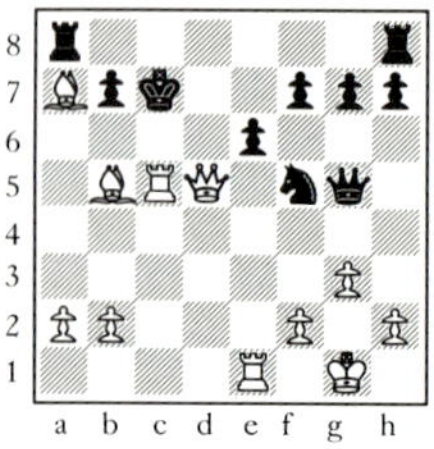

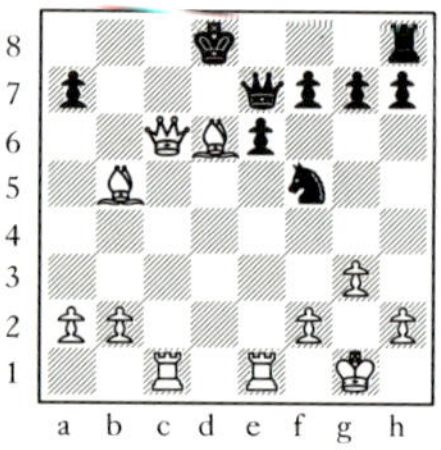

VARIANTE 3
Nach 1 Dd5+ Ld6 2 Dxb7 De7 folgt 3 Dxa8+ Kc7 4 Dc6+ Kd8 5 Lxd6 und schnelles matt.

MATT-KOMBINATION

Häufig ist kurz vor dem Mattsetzen ein Opfer angebracht, um den König bloßzustellen. Hier ist Weiß stark, aber Dxh6 ist eine Überraschung. 1... gxh6 und 2 gxf7+ (Doppelschach) und dann ein Matt, das jeder findet.

EIN KLASSIKER

Ein Opfer auf h2 oder wie hier auf h7 ist immer gut, wenn es gut ist. Hier also 1 Lxh7+ Kxh7 2 Th3+ Kg8 3 Dh5. Taktik entscheidet die meisten Spiele.

WEISSER LÄUFER
Er opfert sich und öffnet die h-Linie.

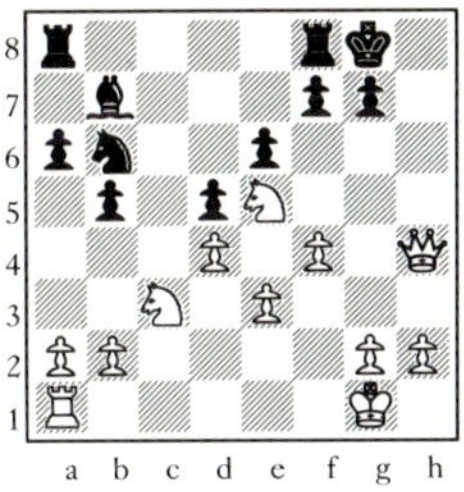

KOMBINATION
Die Verbindung mehrerer taktischer Elemente nennt man eine Kombination. Mit Überraschungs-Effekt bietet sie alle Chancen.

KEINE RETTUNG?
Auch 3 ... Lh4 hilft nichts wegen 4 Dh5+ Kg8 5 Txh4 Dxh4 6 Dxh4.

GAMBIT

Das Opfern eines Bauern in der Eröffnung nennt man Gambit. Es schafft Platz für den eigenen Angriff. Nach 1 e4 e5 2 Sf3 Sc6 3 d4 exd4 könnte Weiß so weiterspielen: 4 c3 dxc3 5 Lc4 cxb2 Lxb2.

LEKTION

12 Strategie

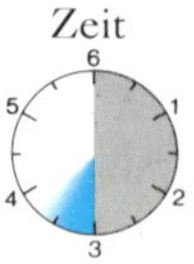

Definition: *Der Schlachtplan*

Taktik ist das, was man tut, wenn man etwas tun muß, Strategie dagegen ist das, was man tut, wenn es eigentlich nichts zu tun gibt. Auf der einen Seite also die kurzfristigen Situationen und auf der anderen die hohe Kunst des Schachspiels, die langfristigen Pläne.

ZIEL: Das Erlernen langfristiger Überlegungen. *Schwierigkeitsgrad* ••••

Strategische Ziele

Weil zum Schachspielen immer zwei gehören, kann keine Seite ihre Pläne von Anfang bis Ende umsetzen. Entscheidet man sich z.B. zu einem Angriff auf den schwach erscheinenden **Damenflügel**, gelingt dem Gegner vielleicht ein bedrohlicher Angriff auf dem eigenen **Königsflügel**. Dann muß man sehr genau überlegen, ob man den eigenen Plan fortsetzen kann oder die Strategie vollständig ändern muß.

DIE SCHLACHT VON HASTINGS

Im Turnier von Hastings 1955 wollte Weiß in dieser Stellung aus strategischen Gründen für seine Läufer die h3-c8 **Diagonale** und zog also taktisch 1 Lg4 Dc7 2 Lf5.

SPRINGER •
Er steht schlecht und muß gedeckt werden.

ENTSCHEIDUNG

Der starke Läufer läßt dem König keinen Fluchtweg. 2 ... Kf7 Th7+ Ke8 4 Tah1 Db7 5 Th8. Schwarz gab auf.

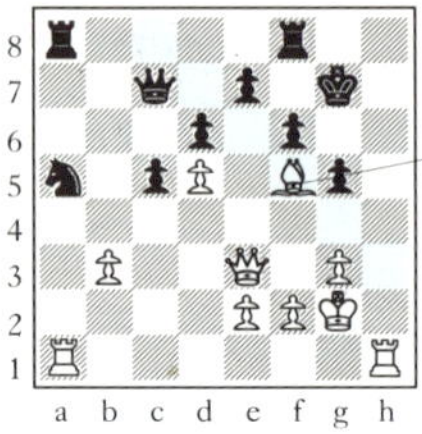

• LÄUFER
Auch bei einer Variante entscheidet der Läufer: 2 ... Th8 3 Txh8 Txh8 4 Txa5 Dxa5 5 Dxe7+ Kg8 6 Le6 matt.

MATT-STRATEGIE

Hätte in der vorigen Stellung Schwarz 1 Lg4 mit 1 ... Dxg4 beantwortet, hätte folgen können 2 Dxe7+ Tf7 (sonst matt) 3 Th7+ Kxh7 (Kg8 wäre **matt,** und Kg6 bringt schwere Materialverluste) 4 Dxf7+ Kh8 oder Kh6 5 Th1+ Dh4. Viele Taktiken, eine Strategie!

• **SCHWARZER SPRINGER**
Ein Problem für Schwarz in allen Varianten.

SCHWARZE BAUERN
Keiner von ihnen blockiert die Linien des weißen Läufers.

STARKER LÄUFER •
Auf f5 kontrolliert der Läufer die **Diagonalen** h3-c8 und b1-h7.

SOFORTIGES MATT

Eine dritte Möglichkeit für Schwarz wäre 1 ... f5, aber dann 2 Dxg5+ Kf7 3 Lh5 **matt**. Alle Züge haben taktische Elemente und einfache Drohungen. Der Gegenzug schwächt häufig den Gegner „nur" wenig. Das Ziel ist strategisch.

POSITIONSVERBESSERUNG

Ein Springer am Rand sollte ins Zentrum. Wenn sein Zug eine Drohung bedeutet, muß der Gegner reagieren.

WEISS AM ZUG
1 Sb5 droht 2 Sc7+ mit Gabel. 1 ... Dd8 ist erzwungen. Nach 2 Dd3 Ke7 3 c4 steht Weiß stark.

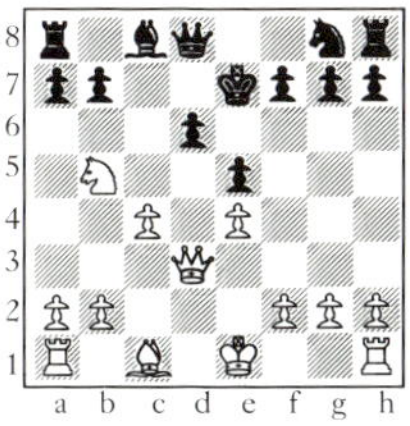

• **SPRINGERZUG**
1 Sb5 Ke7 wäre schlecht für Schwarz: 2 Dd3 Df6 3 Sc7 Tb8 4 Sd5+ mit Angriff auf die Dame. Auch Positionsverbesserungen enthalten Taktik.

LEKTION

12 TURMVERDOPPLUNG

Positionelle Züge verbessern die Möglichkeiten der Offiziere. Zwei Türme auf der gleichen **Linie** haben große Kraft, besonders wenn sie offen ist. Die Stellung rechts endete mit Aufgabe von Schwarz. 1 Thd1 fxg5 2 Td6+ Kf7 3 Lh5+ Ke7 4 Lxg5+ Kf8 5 Tf1+.

VERDOPPELTE TÜRME • Schwarz hat seine Türme auf der h-**Linie** verdoppelt. Sie ist allerdings noch nicht offen.

VORSICHT, SCHACH

Die Schachdrohungen des Gegners muß man immer im Auge behalten. Hier wurde so gespielt: 1 Tg7+ Kh8 2 Sf8 mit Mattdrohung 3 Sg6. Also 2 ... Txf8. Aber leider folgt 3 Th7+ Kg8 4 Tcg7 matt.

• VERDOPPELTE TÜRME Die weißen Türme sind eine Macht auf der siebenten **Reihe.** Wäre der schwarze Bauer schon auf a2, könnte Schwarz noch gewinnen.

„RACHESCHACHS"
Statt den Springer zu schlagen, hätte Weiß natürlich noch ein paar andere Züge spielen können. 2 ... Te1+ 3Kf2 Te2+ 4 Kf3 Ld5+ 5 Kxe2 Lc4+ 6 Kf2. Man nennt dies Racheschachs. Sie schieben das eigene Matt hinaus, bringen aber überhaupt nichts. Anfänger dürfen so spielen. Manchmal ergibt sich sogar ein **Patt.**

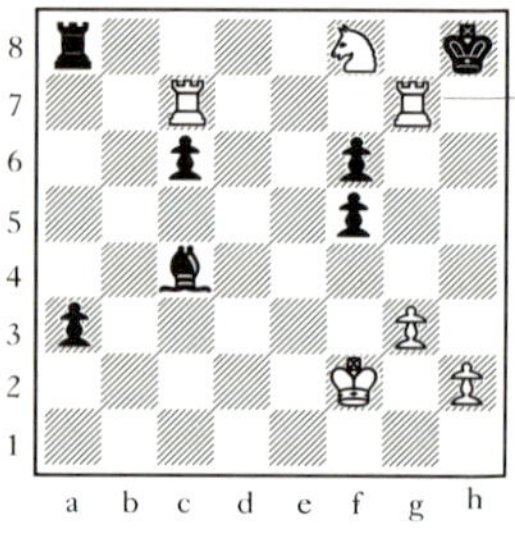

• DAS ENDE Jetzt kann Schwarz matt nur noch so verzögern 6... Lf7 7 Tcxf7 Txf8 8 Th7+ Kg8 9 Tfg7 matt.

VORPOSTEN

Wenn man mit einem eigenen **Offizier** so in die Hälfte des Gegners eindringen kann, daß dieser **Offizier** nicht wieder leicht von einem gegnerischen Bauern zum Rückzug gezwungen werden kann und von einem eigenen Bauern gedeckt ist, hat man in jedem Fall eine starke Stellung erreicht. Umgekehrt sollte man dies nach Möglichkeit verhindern.

• WEISSER SPRINGER
1914 zog Lasker gegen Capablanca im Petersburger Turnier seinen Springer im 16. Zug nach e6 und erst im 37. von hier nach c5.

SCHWARZ GIBT AUF
In der später erreichten Stellung rechts zieht Lasker den Springer e6 nach c5 und greift Läufer und Turm an. Wenn der Turm irgendwohin zieht, folgt 38 Sxb7 Txb7 39 Sd6+ mit Turmgewinn. Gespielt wurde so: 37 Sec5 Lc8 38 Sxd7 Lxd7 39 Th7 Tf8 40 Ta1 Kd8 41 Ta8+ Lc8 42 Sc5.

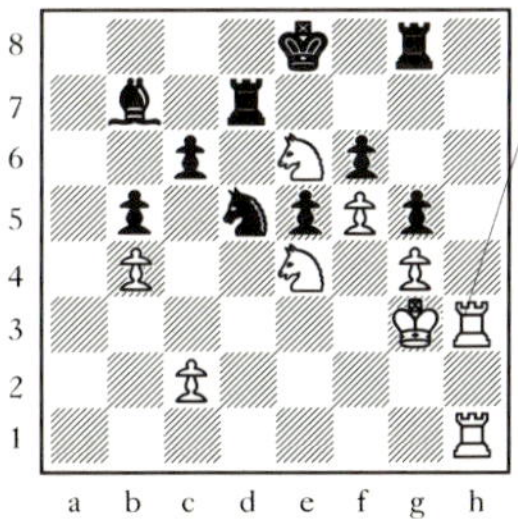

• LINIE
Weiß kontrolliert fast das ganze Feld und hat seine Türme auf der h-Linie verdoppelt.

PROBLEM

Wo liegen hier für Weiß die Stärken? Was sollte Weiß spielen?

Weiß kontrolliert die Felder d5 und e4. Der schwarze Bauer d6 hängt zurück und ist schwach. Weiß sollte mit Td3 und Tcd1 seine Türme verdoppeln und wird bald den d-Bauern gewinnen.

LEKTION

13 DAS ENDSPIEL

ZEIT

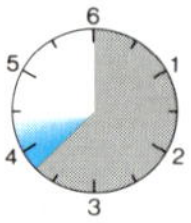

Definition: *Im letzten Spielabschnitt sind nur noch wenige Figuren auf dem Brett*

Viele Lehrbücher beginnen mit dem **Endspiel**, weil naturgemäß das Brett mehr oder weniger übersichtlich ist. Auf jeden Fall kommt irgendwann der Zeitpunkt, an dem man über Strategie und Taktik der Endspiele mehr wissen sollte. Es ist eine Wissenschaft für sich.

ZIEL: Das Erlernen grundlegender Prinzipien von **Endspielen**. *Schwierigkeitsgrad* ••••

ENDSPIELE MIT OFFIZIEREN

In allen Varianten kommt die starke Zeit des Königs.

MATT MIT DAME

Nur mit einer Dame **matt** zu setzen ist für Anfänger zunächst gar nicht so einfach. Häufig kommt dabei versehentlich ein **Patt** heraus. Der König muß einfach an den Rand des Brettes getrieben werden. Die Abbildungen zeigen zwei typische Mattpositionen, die man mit höchstens zehn Zügen erreicht.

WEISSER KÖNIG • Auf jedem denkbaren Feld steht er im **Schach.** Er ist **matt.**

PATTGEFAHR Diese Stellung ist natürlich ebenfalls matt. Wäre die schwarze Dame auf d3 und Weiß am Zuge, wäre die Partie **remis.**

• **WEISSER KÖNIG** Er darf nie auf ein Feld seines Gegners ziehen.

TURMSTELLUNGEN

Turm und Dame sind Schwerfiguren, weil sie allein mit Hilfe ihres Königs matt setzen können. Beide Mattstellungen sind sehr einfach. Der eigene König muß nur verhindern, daß der andere den Rand des Brettes verlassen kann.

• **SCHWARZER TURM**
Aus diesem **Schach** gibt es für den weißen König kein Entrinnen.

WENIGE ZÜGE
Dieses **Matt** kann in höchstens 16 Zügen erzwungen werden.

• **WEISSER KÖNIG**
Für ihn gibt es nur zwei mögliche Felder.

• **TURMZUG**
Ein Zwischenzug nach h2 führt schnell zum Ergebnis.

ZWISCHENZÜGE
Häufig ist in diesen Stellungen vor dem **Matt** ein abwartender Zug erforderlich. In dieser Stellung würde 1...Kb3 wegen 2 Kc1 nicht weiterführen. Der Zwischenzug Tg2, h2 oder e2 ist richtig, denn 1... Th2 2 Ka1 Kb3 3 Kb1 Th1 ist **matt.** Alternativ ginge auch 1...Tf1+ 2 Ka2 Th1, ein Zwischenzug, 3 Ka3 Ta1 **matt.**

PROBLEM

Weiß ist am Zug. Man sollte dieses **Matt** mehrmals durchspielen. Wie viele Züge braucht man? Geht es noch besser als hier?

1 Kb2 Ke5 2 Kc3 Ke4 3 Th5 Ke3 4 Te5+ Kf4 5 Kd4 Kf3 6 Te4 Kg3 7 Ke3 Kg2 8 Tg4+ Kh3 9 Kf3 (Schwarz hat nur noch 3 Felder) Kh2 10 Kf2 Kh3 11 Ta4 Kh2 12 Th4 ***matt.*** *11 Ta4 ist ein Zwischenzug. Außer h4 wäre jedes Feld auf dieser Reihe ebensogut. Das Prinzip besteht also darin, mit dem eigenen König anzugreifen und den anderen an den Rand des Brettes zu drängen, wobei der Turm die Bewegungsmöglichkeiten immer mehr einengt. Ein Zwischenzug zwingt den König häufig auf das richtige Feld.*

LEKTION

13 ZWEI LEICHTFIGUREN

Ein **Matt** mit zwei Läufern oder einem Läufer und einem Springer ist schwieriger als mit einer Schwerfigur. Nur mit zwei Springern kann es nicht erzwungen werden. In jedem Fall muß der König auf ein Eckfeld getrieben werden, auf dem ein Läufer **matt** setzen kann. Mit zwei Läufern ist ein **Matt** in höchstens 19 Zügen zu erzwingen.

• **WEISSER KÖNIG**
Der König muß auf ein Eckfeld getrieben werden.

• **ZWEI LÄUFER**
Bei zwei Läufern ist es gleich, ob das Eckfeld schwarz oder weiß ist.

EIN SPRINGER
Matt mit einem Läufer und einem Springer ist recht schwierig. Diese Stellung kann aber in höchstens 33 Zügen erzwungen werden.

• **ECKFELD**
Auf a8 oder h1 wäre hier kein Matt möglich.

BAUERNENDSPIELE

Bauernendspiele sind sehr häufig. Ein Bauer, der sein Umwandlungsfeld erreicht, kann zum Sieg reichen.

DAS BAUERNQUADRAT

Das blau gefärbte Quadrat steht für die Chancen des Bauern, ein Umwandlungsfeld zu erreichen. Ist der gegnerische König außerhalb, hat er keine Chance. Mit jedem Bauernzug wird das Quadrat kleiner. Schwarz am Zug mit Kf7 oder Kf8 erreicht das Feld a8 rechtzeitig.

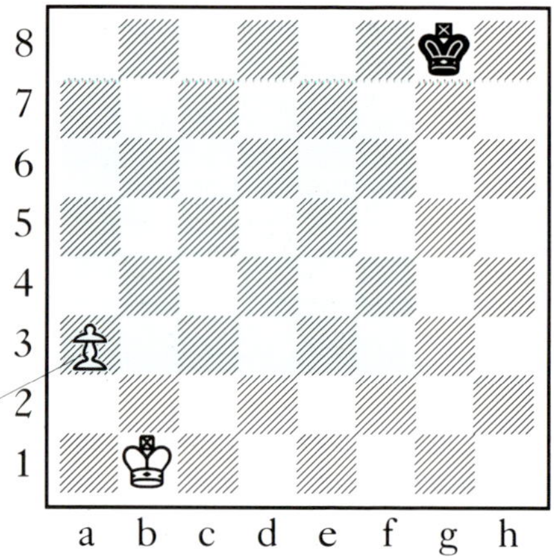

WEISS AM ZUG•
Bei 1 a4 kann der schwarze König das nur noch 5 x 5 Felder große Quadrat nicht mehr betreten.

ZWEI BAUERN

Diese Bauern hier sind sofort verloren, wenn sie ziehen. Also muß ihnen der weiße König zur Hilfe kommen. Zugleich sind sie sicher, denn bei 1...Kxe4 2 f6 kann der König diesen Bauern nicht mehr stoppen.

RÜCKSTÄNDIGER BAUER •
Er hängt zurück und ist ungedeckt, aber der schwarze König kann hier das Bauernquadrat f5-c5-c8-f8 nicht verlassen.

• **FREIBAUER**
Sein Vormarsch ist unaufhaltsam, etwa 1...Kd6 2 f6 Ke6 3 e5.

VEREINZELTER BAUER

Wenn Weiß in dieser Stellung am Zug ist, gibt es nur ein **Remis,** Schwarz am Zug dagegen verliert. Weiß muß also darauf achten, diese Stellung nur zu erreichen, wenn dann Schwarz ziehen muß. 1 Kc6 ist **patt**, jeder andere Zug verliert den Bauern. 1... Kb7 2 Kd7 dagegen führt zur **Umwandlung** des Bauern.

ENTSCHEIDUNG
Diese Stellung entsteht häufig. Für Weiß muß aber das Timing stimmen.

KRITISCHE STELLUNG

Auch dieses Bild ergibt sich oft. Schwarz am Zug verliert, Weiß am Zug erreicht nur ein **Remis**. 1 Kc5 Kc7 2 Kd5 Kd7. Schwarz wird seine Königsopposition erhalten, also dem weißen König gegenüberstehen. Alternativen wären 1 c5 Kc7 2 c6 Kc8 3 Kb6 Kb8 4 c7+ Kc8 oder 3 Kc5 Kc7 4 Kd5 Kc8.

SCHWARZ AM ZUG
Nach 1... Kc7 2 Kc5 Kd7 3 Kb6 Kc8 4 Kc6 Kd8 5 Kb7 wird der Bauer verwandelt.

LEKTION

14 Die Bauernführung

ZEIT

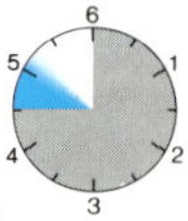

Definition: *Der planvolle Einsatz der Bauern*

Anfänger unterschätzen die Bedeutung der Bauern leicht und sehen in ihnen eher Hindernisse für ihre **Offiziere.** Mit der Erfahrung weiß man es besser. Der Gewinn eines einzigen Bauern entscheidet häufig genug die ganze Partie. Der berühmte Schachtheoretiker Philidor ernannte die Bauern bereits 1749 zur „Seele des Schachspiels“. Bauern ziehen immer nur vorwärts und niemals zurück.

ZIEL: Das Erkennen der guten, schlechten und miserablen Bauernstrukturen.

Schwierigkeitsgrad •••••

Begriffe

Zwei Bauern der gleichen Farbe auf einer Linie nennt man Doppelbauern. Zumeist bedeutet dies eine Schwäche. Häufig wird sie aber z. B. durch die offene Linie oder die Kontrolle über ein wichtiges Feld kompensiert.

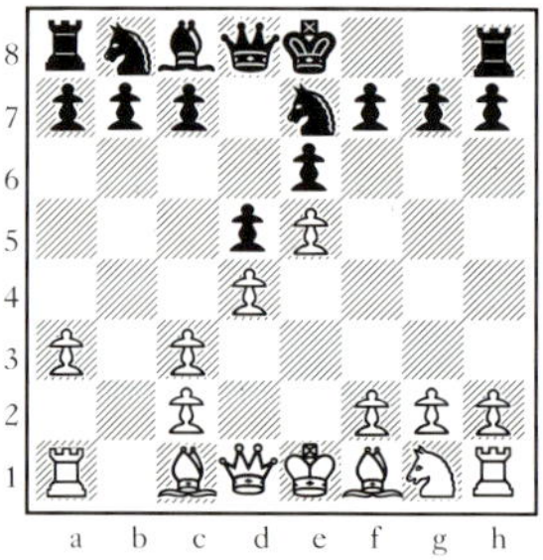

DAS SPIEL
Diese Bauernstruktur kann in der Französischen Verteidigung 1 e4 e6 entstehen. 2 d4 d5 3 Sc3 Lb4 4 e5 Se7 5 a3 Lxc3+ 6 bxc3.

Isolierter Bauer •
Er kann nur noch durch einen **Offizier**, nicht mehr durch einen anderen Bauern gedeckt werden.

Zweite Linie •
Weiß könnte z. B. mit einem Turm auf der b-Linie Druck ausüben.

BAUERNSTRUKTUR
Bei dieser Struktur könnte Weiß auf dem **Königsflügel** angreifen, weil z. B. der schwarze Springer nicht auf sein natürliches Feld f6 kann.

• **Doppelbauern**
Weiß hat Doppelbauern auf der c-Linie, die von anderen nicht mehr zu decken sind.

ALLES ZU SEINER ZEIT

Zu Beginn des Spiels sollte kein Bauer ohne Grund vorrücken. Eine sichere Stellung ist wichtig. Spätestens im Endspiel werden sie gefährliche Angreifer mit dem Ziel der **Umwandlung.**

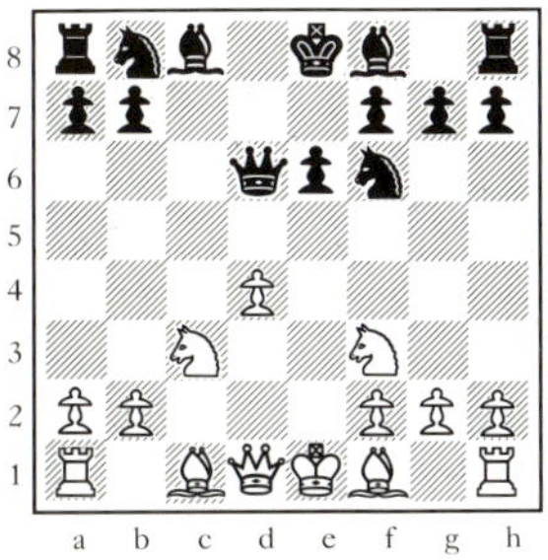

DAS SPIEL
Bei der Caro-Kann Verteidigung (1886 beschrieben) kann diese Stellung entstehen: 1 e4 c6 2 c4 d5 3 exd5 cxd5 4 cxd5 Dxd5 5 Sc3 Dd6 6 d4 Sf6 7 Sf3 e6.

SCHWARZE BAUERN
Die schwarzen Bauern haben keine Schwächen, aber weniger Kontrolle über das Zentrum als Weiß.

SCHWARZER BAUER
Der Bauer auf e6 kann wegen des Bauern d4 nicht vorrücken.

ISOLIERTER BAUER
Der Damenbauer ist allein auf der d-Linie ohne Verbindung zu anderen.

VERBUNDENE BAUERN
Bauern, die sich gegenseitig decken können, sind stark. Man nennt sie verbundene Bauern.

PROBLEM

Wie kann Weiß bei dieser Bauernformation spielen? Ein Tip: Wenn Schwarz seinen König zieht, gewinnt Weiß den Bauern auf f6.

Vorwärts – aber wie? Bauern gehen nicht rückwärts. Jeder Zug ist unwiderruflich, deshalb sollte man einen Bauern nur mit Überlegung ziehen und nicht, weil einem nichts anderes einfällt. Eine Verbesserung der Stellung könnte ein Grund sein. In dieser Stellung hat Weiß mehr Zugmöglichkeiten als Schwarz.

EINE VARIANTE
Wenn der schwarze König ziehen muß, hat Weiß gewonnen. 1 g4 h6 2 h3 a6 3 a3 a5 4 a4 b6 5 b3 Schwarz verliert mit 5–h5 6 gxh5 oder mit 5–Ke8 6 Kxf6 Kf8 7 f5 Kg8 8 Ke7 Kg7 9 h4 Kg8 10 f6 Kh7 112 Kxf7 und schneller ***Umwandlung*** *des f-Bauern.*

WEISSE BAUERN
Sie können ziehen, bis Schwarz keinen Bauernzug mehr hat.

LEKTION

14 FREIBAUER

Wenn ein Bauer auf seiner Linie oder auf der Linie neben ihm nicht mehr durch einen gegnerischen Bauern am Vorrücken gehindert werden kann, hat er freie Bahn. Nur **Offiziere** oder der König können den Freibauern noch stoppen. Auch isoliert ist er stark.

WEISSE FREIBAUERN
Weiß hat auf a5 und e5 zwei Freibauern.

SCHWARZER FREIBAUER
d5 ist ein Freibauer, g7 ein „Isolani".

FREIBAUER UND MATT
Hier opfert Weiß für einen Freibauern einen **Offizier**, verdoppelt die Türme und setzt **matt**: 1 Sxd6 Txd6 2 Ted3 Tfd8 3 Txd6 Txd6 4 Txd6 cxd6 5 c7 De6 Dxd6 Dc8 7 Dd8+ Dxd8 8 cxd8=D matt.

RÜCKSTÄNDIGE BAUERN

Ein Bauer, der hinter seinen Kollegen links und rechts zurückgeblieben ist und also auch von ihnen nicht mehr gedeckt werden kann, ist wirklich schwach und wird rückständig genannt.

BAUERNSCHWÄCHE
Ein rückständiger Bauer bindet eigene Kräfte, besonders das Feld vor ihm ist eine Schwachstelle.

RÜCKSTÄNDIGER BAUER
Dieser Schwächling auf e6 kann nicht lange verteidigt werden: 1 Lh3 De8 2 De2 Dg6 3 Sxe6 Lxe6 4 Dxe6+ und Weiß gewinnt.

SCHWACHPUNKTE

Jedes Feld in der eigenen Hälfte, auf das sich ein gegnerischer Offizier stellen kann, ohne von einem eigenen Bauern wieder vertrieben werden zu können, ist ein schwacher Punkt. Der Gegner kann hier einen Vorposten plazieren.

• SCHWARZER SCHWACHPUNKT
Hier sind d6 und g5 Schwachpunkte, die von weißen Vorposten besetzt sind.

• WEISSE SCHWACHPUNKTE
e4 und g4 sind Schwachpunkte für Weiß, aber Schwarz kann sie im Moment nicht nutzen.

GEFESSELTER LÄUFER •
Der schwarze Läufer kann nicht von c6 nach e4 ziehen, weil dann die weiße Dame den schwarzen Turm schlägt.

BAUERNSTRUKTUR
Die schwarzen Bauern auf der d-, e- und f-Linie blockieren ein Zusammenwirken der schwarzen Offiziere. Weiß dagegen steht prächtig.

PROBLEM

Diese Stellung ist wirklich nicht leicht zu beurteilen. Sie stammt schließlich aus einem Weltmeisterschaftskampf zwischen Petrosjan (Schwarz) und Botwinnik (Weiß). Sie vermittelt aber eine Ahnung von der strategischen Kunst großer Meister. Das Thema ist die Bauernformation. Die meisten Spieler würden hier Weiß bevorzugen, kaum einer den schwarzen Zug finden.

Mit dem schwarzen Zug 42…c5 scheint Weiß nach 43 d5 einen starken Freibauern zu haben. Schwarz zog in der Folge seine beiden Springer nach e5 und d6, womit die weißen Bauern blockiert waren, und brachte seine Mehrbauern auf dem Damenflügel ins Spiel. 43 dxc5 entblößt den weißen Turm auf d2. Schwarz gewann. Experten haben analysiert, daß Weiß durch das Opfern eines Zentralbauern ein Remis hätte erreichen können.

LEKTION

15 DIE BESTEN ZÜGE

Zeit

Definition: *Wie man eine Stellung analysiert*

Niemand würde mehr Schach spielen, wenn es ganz einfach wäre, immer das Richtige zu tun. Es ist schon schwer genug, häufig den besten Zug zu finden. Auch Großmeister haben dazu eigentlich keine Theorie. Sie analysieren übrigens nicht mehr Züge im voraus als normale Spieler, sondern eher weniger – aber die richtigen.

ZIEL: Das Erkennen einiger Schwerpunkte für eine vernünftige Stellungsanalyse. *Schwierigkeitsgrad* •••

WIE MAN ZÜGE FINDET

Wenn es 30 mögliche Züge gibt, wird ein Computer alle durchrechnen, ein Anfänger viele, ein Meister vielleicht zwei oder drei. Manchmal gibt es erzwungene Züge, z. B., wenn es nur einen Weg aus dem Schach gibt. Man benutzt diesen Begriff auch, wenn es nur eine vernünftige Möglichkeit gibt. Da heißt es aufpassen!

FÜNF WEGE ZUM MATT
Nach diesem **Schach** kann Weiß nur Kh1 ziehen.1... Kf2 ist patt. Nach 1... Dg4 2 Kh2 (erzwungen) Kf2 3 Kh1 (erzwungen) kann Schwarz auf fünf Feldern mit der Dame mattsetzen.

ERZWUNGENE ANTWORT
Nach 1 Db5+ könnte Schwarz 1 ...Dc6 spielen, hätte aber nach Tausch der Damen auf c6 zwei isolierte Bauern. Also 1... Dxb5. 2 Tfe1+ wäre voreilig. Besser 2 Sxb5 Tc8 3 Tfe1 Le7 4 Sxd6+ mit Qualitätsgewinn. Auch 2 Sxb5 ist wegen der Drohung 3 Sc7+ statt des Zuges Tfe1 mehr oder weniger erzwungen.

KRIEGSLISTEN

Manchmal helfen kleine Listen, um einen Vorteil zu erreichen. Statt sofort die Dame wiederzunehmen, kann Weiß hier den schwarzen e-Bauern gewinnen. 1... Dxd2 2 Sxe7+ Kf8 3 Txd2 Kxe7 4 Txc4.

MATERIAL •
Vor dem Tausch: Weiß hat 31, Schwarz 30 Bauerneinheiten auf dem Brett.

KLARE SACHE?
Wird die eigene Dame durch die gegnerische geschlagen, wird man zumeist sofort zurückschlagen wollen. Manchmal lohnt es, die Analyse vor den Instinkt zu stellen.

ISOLIERTER BAUER
Nach der obigen Kombination sieht die Stellung so aus. Weiß hat einen Bauern gewonnen und Schwarz einen isolierten d-Bauern. Weiß steht jetzt besser. In dieser Partie zwischen Fischer und Spassky hatte Schwarz (Spassky) zuvor durch Opfern einen Mehrbauern und eine bessere Stellung erobert. So ist eben Schach.

PROBLEM

Wie kann Weiß am Zug hier dem Angriff auf seine Dame am besten begegnen? Nach diesem weißen Zug hat Schwarz sofort wegen Aussichtslosigkeit aufgegeben. Wenn die eigene Dame angegriffen wird, ist der erste Reflex, sie in Sicherheit zu bringen. Aber es lohnt sich darüber nachzudenken, ob man dieser Frechheit nicht statt dessen durch einen besseren, eigenen Angriff begegnen kann.

Nach 1 Sd5 droht Weiß 2 Dxg7 ***matt.*** *Wenn Weiß zuvor die Dame schlägt, also 1...Lxd4, folgt 2 Sxe7+ und 3 Lxd4 gewinnt eine Figur. Es geht also darum, sogar dann nach einem stärkeren Gegenangriff zu suchen, wenn die eigene Dame bedroht ist. Offensiv gewinnt Weiß hier einen Bauern: 1 Sd5 Lxd4 2 Sxe7+ Kg7 3 Lxd4+ Kh6 4 Sxc6. Defensiv verliert Weiß einen* ***Offizier:*** *1 De3 fxe4 2 Dxe4 Dxe4 3 Sxe4 Lxb2.*

LEKTION

15 KOMBINATIONEN

Man muß sich immer zwei Fragen stellen: Was ist in dieser Stellung notwendig, und welche Züge will man zuerst überlegen? Wenn man sich in einer mehrzügigen Kombination befindet, sollte man jeden Zug immer wieder neu betrachten. Hier z.B. wollte Weiß einen Offizier gewinnen und spielte 1 Sg3 Dxf4 2 Sxe4 und gewann nach 16 Zügen.

WEISSER SPRINGER •
Der Plan war erfolgreich, aber mit 2 Sh5+ und dem Gabelangriff auf die Dame hätte Weiß sofort gewonnen.

KÖNIGSZUG •
Nach 1…Kf5 gewinnt 2 Tc5+ aber 2 c7 verliert.

FALLEN

Was führt der Gegner im Schilde, auch wenn sein letzter Zug belanglos aussieht? Weiß erwartet hier einen schnellen Sieg: 1...Ta8 2 c7 Kd7 3 Kg6 Tc8 4 Kxg7. Statt dessen spielte Schwarz 1...Kf5, und der Vormarsch des c-Bauern wird zur tödlichen Falle: 2 c7 Th6+ 3 gxh6 g6 **matt**!

VERSTECKTER ANGRIFF

In einer klaren taktischen Situation muß man nach Zügen suchen, die Drohungen schaffen oder ihnen begegnen. Hier ist Weiß am Zug. Die schwarze Dame greift den Turm und den Springer auf f6 an. Beide können nicht gleichzeitig mit einem Zug gerettet werden. Aber die schwarze Dame ist ungedeckt, und der weiße Springer kann mit einem Schach die **Diagonale** öffnen und die schwarze Dame schlagen, also am besten 1 Sd5+ exd5 2 Dxb2.

GEFÄHRLICHES FELD •
Würde 1 Sg8 erfolgen, wäre Weiß durch 1…Txg8 und Fesselung der Dame verloren.

VORGEHENSWEISE

Zunächst sollte man vor jedem Zug auf mögliche **Schachs** und versteckte Drohungen des Gegners oder eigene Schachmöglichkeiten achten. Dann sollte man zügig die zwei oder drei naheliegenden nächsten Züge erkennen und dann den oder die besten auf ihre Konsequenzen in den nächsten Zügen gründlich betrachten. Wenn man sich unter den Alternativen für einen Zug entschieden hat, sollte man ihn und die geplanten und erwarteten nächsten Züge noch einmal durchgehen.

TURMDROHUNG • Schwarz droht Txd2 mit Gewinn von zwei Springern für einen Turm: 1…Txd2 2 Txd2 Dxb3. Falsch wäre natürlich 2 Sxd2 Dxa2.

• **LÄUFERDROHUNG** Schwarz wird im nächsten Zug Ld3 vorteilhaft ziehen, deshalb muß Weiß hier mit Td1 oder Df2 einen Qualitätsverlust vermeiden.

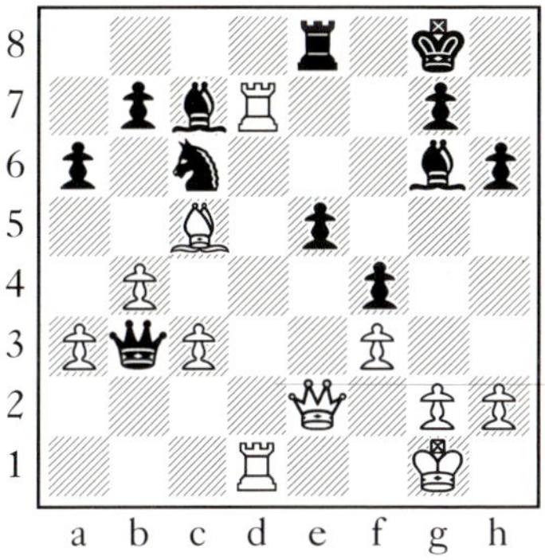

WEISSE VARIANTEN
Für Weiß am Zug bieten sich in der obigen Stellung vier Züge an: Sc1, Tfa1, Td1 Dd1. Sc1 läßt weiter 1...Ld3 2 Sxd3 Dxa2 mit Qualitätsverlust zu, und Td1 ist auch verdächtig (siehe unten). Also lohnen nur die Züge Tfa1 oder Dd1 einer gründlicheren Analyse. Und dann muß man sich irgendwann entscheiden, es ist schließlich nur ein Spiel.

• **MÖGLICHER ZUG**
1 Tfd1 ist zweifelhaft, weil 1... Txd2 2 Taxd2 Dxb3 3 Td7 zwar die Kontrolle der d-Linie, aber auch Materialverlust bedeutet.

EIN MEISTERSTÜCK

Weiß ist am Zug. Sein Turm f3 ist angegriffen, es droht Te4+. Einer seiner Türme kann gefährlich auf f7 schlagen, z.B.: 1 Tbxf7 Te4+ 2 T3f4 Df2+ 3 Kg5 Dg3+ 4 Tg4 De3+ 5 Tff4. Aber wie wär´s mit 1 Dg7+? Unwiderstehlich: 1...Kxg7 2 Tfxf7+ Kg8 3 Tg7+ Kh8 4 Th7+ Kg8 5 Tbg7 **matt.**

SCHWACHER ZUG • 1 Tfxf7 Te4+ 2 Tf4 Df2+ 3 Kg4 Dg2+, ewiges Schach und remis.

SO WEIT – SO GUT

Wie man noch besser wird

Jeder muß selbst entscheiden, wieviel Spaß ihm das Schachspielen macht, und wie weit er sein Verständnis dieser kunstvollen Betätigung des menschlichen Geistes und damit seine eigene Spielstärke entwickeln will. Je mehr man spielen kann, desto besser, und es nützt natürlich, wenn man mit seinem Partner die geschlagenen Schlachten diskutieren kann. Auch das Nachspielen veröffentlichter Partien eröffnet Schritt für Schritt neue Horizonte.

Schach ist universal, man trifft auf der ganzen Welt Menschen, mit denen man spielen kann, auch wenn man ihre Sprache nicht versteht. Man kann überall spielen – in Parks mit Riesenfiguren oder in Swimmingpools auf schwimmenden Brettern!

Schachliteratur

Wenn man das Schachspielen ernsthaft betreiben will, muß man sich die vorhandene Schachliteratur zunutze machen. In alten Büchern sind Züge fast unverständlich, weil es damals noch keine Standardnotation gab. Die Züge wurden etwa so wie in diesem Beispiel aus dem Jahr 1614 beschrieben: „Stelle dir vor, daß der weiße König in seinem ersten Zug einen eigenen Bauern in das vierte Haus vor sich spielt, und der schwarze König in seinem ersten Zug seinen Bauern auf die gleiche Weise spielt" – oder 1 e4 e5.

Beschreibende Notation

Kürzere Versionen setzen sich langsam durch, und im 19. Jahrhundert wurden Initialen benutzt. Die Initialen der Figur und des Zielfeldes ergaben z. B. die Notation 1 B-K4 B-K4 (Bauer auf das vierte Feld des weißen und des schwarzen Königs). Der Nachteil des Systems war, daß jedes Feld zwei Bezeichnungen hatte, eine von der weißen Seite aus gesehen und eine von der schwarzen.

Die eigene Handschrift

Jeder entwickelt seinen eigenen Stil im Spiel gegen stärkere Gegner und ihre unterschiedlichen Stile. Phantasievolle Spieler inszenieren vielleicht eine verwirrende Fülle von Angriffen, andere spielen langweilig, aber mit äußerster Präzision. Man wird bald erkennen, daß sich die eigene Persönlichkeit auch in der Art und Weise wiederfindet, wie man Schach spielt. Auch die ganz großen Spieler haben anfangs Hunderte von Partien verloren. Auch beim Schachspiel kann man nur aus Erfahrungen lernen, weil man kaum immer den gleichen Fehler, dafür aber immer neue machen wird!

UNSTERBLICHE PARTIEN

Spiele, die Spaß machen und aus denen man lernen kann.

Nachdem man richtig spielen kann, sollte man Meisterpartien nachspielen, um besser zu werden. Außer in Büchern findet man auch viele interessante Partien in Tageszeitungen. Die Namen der Spieler werden in der Reihenfolge Weiß-Schwarz aufgeführt. Anfangs sollte man kommentierte Partien heranziehen, bei denen die wichtigen Züge mit Bemerkungen und Varianten begleitet werden. Auch Diagramme von Schlüsselstellungen sind nützlich. Unsere Beispiele hier sind kürzer als üblich, aber dafür sehr unterhaltend und informativ. Nur das erste Beispiel ist aus einem Turnier, alle anderen entstammen Freundschaftsspielen. Wenn einem das Nachspielen flüssig von der Hand geht, sollte man mit dem Nachdenken beginnen und häufiger überlegen, was man jetzt selber täte.

VON DEN MEISTERN LERNEN
Anfänglich wird man beim Nachspielen häufig falsch ziehen. Ein Brett mit Nummern und Zahlen am Rand macht es einfacher. Man sollte eine Partie mehrfach nachspielen. Je länger man sich mit ihr beschäftigt, desto mehr wird man erkennen.

KERES-ARLAMOWSKI

1 e4 c6 2 Sc3 d5 3 Sf3 dxe4 4 Sxe4 Sf6 5 De2 Sbd7 6 Sd6 **matt.** Schwarz rechnete nur mit einem Springertausch und übersah, daß sein e-Bauer gefesselt wurde und die Flucht des Königs blockierte.

NACHT IN DER OPER

In einer der berühmtesten Partien spielte der größte amerikanische Meister des 19. Jahrhunderts, Paul Morphy, in der Pariser Oper 1858 gegen den Herzog von Braunschweig und den Grafen Isouard, derweil man den Barbier von Sevilla gab. Der Opernliebhaber Morphy saß mit dem Rücken zur Bühne, der Herzog und der Graf berieten jeden Zug und machten keine groben Schnitzer. Dies ist die Stellung nach dem 12. Zug.

• **SCHWARZER SPRINGER**
Morphy opfert einen weißen Turm für diesen schwarzen Springer und bringt seinen letzten **Offizier** ins Spiel. Alle weißen **Offiziere** greifen an.

• **TURM**
Der schwarze Königsturm und der Läufer erreichen nie das Schlachtfeld.

MORPHY – HERZOG VON BRAUNSCHWEIG, GRAF ISOUARD

1 e4 e5 Sf3 d6 3 d4 Lg4 nicht gut, aber kein Fehler. 4 dxe5 Lxf3 5 Dxf3 dxe5 6 Lc4 Sf6. Schwarz gedachte seinen Bauern zurückzugewinnen. 7 Db3 greift die Bauern b7 und f7 an. 7...De7 8 Sc3. Entwicklung ist hier besser als Bauerngewinn. 8... c6 9 Lg5 b5 10 Sxb5 cxb5 11 Lxb5+ Sbd7 12 0-0-0. Weiß steht viel aktiver als Schwarz. 12...Td8 13 Txd7 Txd7 14 Td1 De6 als Versuch, die Fesselung des Springers aufzuheben, aber das Spiel ist bereits verloren. 15 Lxd7+, ein schwächerer Spieler hätte wohl 15 Dxe6+ fxe6 16 Lxf6 gxf6 17 Lxd7+ gespielt und den Sieg verschenkt. Der geniale Morphy läßt den Springer auf d7 wieder nehmen. 15... Sxd7 16 Db8+. Dieses **Opfer** sieht jeder – hinterher. 16...Sxb8 17 Td8 **matt.**

ZÜGE MIT BISS

Diese Partie wurde 1853 in London gespielt. Die Abbildung zeigt die Stellung nach dem 14. Zug von Weiß. Wird ein eigener **Offizier** angegriffen, ist es manchmal besser, dem Gegner das Gleiche zu tun, als dem Angriff zu entfliehen, wie im 6. Zug von Weiß.

• **LÄUFER**
Der schwarze Läufer auf f5 kontrolliert die **Diagonale** b1 h7 und läßt dem König keinen Fluchtweg.

SCHULDER–BODEN

1 e4 e5 2 Sf3 d6 (Philidor-Verteidigung) 3 c4 f5 4 Lc4 Sf6 5 d4 fxe4 6 dxe5 exf3 7 exf6 Dxf6 8 gxf3. Die Bauern auf dem weißen **Königsflügel** sind schwach, isoliert und doppelt. 8...Sc6 9 f4 um 9...Se5 mit Drohungen zu verhindern. 9... Ld7 10 Le3 0-0-0 11 Sd2 Te8 12 Df3 Lf5 13 0-0-0 d5 – ein Zug mit Biß! 14 Lxd5 Dxc3+ 15 bxc3 La3 **matt**.

DIE UNSTERBLICHE PARTIE

Die unsterbliche Partie spielten Anderssen und Kieseritzky 1851 in London. Dies ist die entscheidende Stellung nach 18 Ld6. Zwei Varianten: 18... Lxd6 19 Sxd6+ Kd8 20 Sxf7+ Ke8 21 Sd6+ Kd8 22 Df8 **matt** 18... Dxa1+ 19 Ke2 Db2 war wohl besser.

18. ZUG •
Nach 18 Ld6 schlägt der schwarze Läufer den Turm auf g1.

ANDERSSEN–KIESERITZKY

1 e4 e5 2 f4 exf4 (angenommenes Königsgambit). 3 Lc4 Dh4+ 4 Kf1 b5. Schwarz möchte den Läufer von f7 ablenken und selbst c6 spielen. 5 Lxb5 Sf6 6 Sf3 Dh6. Üblich ist hier 6 ...Dh5, aber Schwarz will dieses Feld seinem Springer reservieren. 7 d3 Sh5 8 Sh4. Die Drohung 8... Sg3+ mit der **Gabel** ist offenkundig. 8...Dg5 greift gleichzeitig zwei ungedeckte **Offiziere** an. 9 Sf5 c6 10 g4 Sf6 11 Tg1 cxb5 12 h4 Dg6 13 h5 Dg5 14 Df3 droht 15 Lxf4 mit Damengewinn. Schwarz findet die einzige Antwort: 14...Sg8 15 Lxf4 Df6 16 Sc3 Lc5. 16...De6 ist besser. 17 Sd5 Dxb2 18 Ld6 – ein brillanter Zug. 18 Lxg1 19 e5 Dxa1+ 20 Ke2. Schwarz gibt auf, weil das **Matt** nicht mehr zu verhindern ist: 20 ...Sa6 21 Sxg7+ Kd8 22 Df6+ Sxf6 23 Le7 **matt**. Oder 20... Lb7 21 Sxg7+ Kd8 22 Dxf7 Sh6 23 Se6+ dxe6 24 De7+ Kc8 25 Dc7 **matt**.

„IMMERGRÜN“

Wilhelm Steinitz, nach 1866 28 Jahre lang Weltmeister, nannte diese Partie „Immergrün im Lorbeerkranze“, gespielt 1852 zwischen Anderssen und Dufresne in Berlin. Weiß hat im 19. Zug Tad1 seinen Druck verstärkt, das wohl aufregendste Schach jener Tage.

SCHWARZE DAME
Nach dem Schlagen des Springers auf f3 droht sie sofortiges **Matt.** Weiß muß Schach bieten!

ANDERSSEN–DUFRESNE

1 e4 e5 2 Sf3 Sc6 3 Lc4 Lc5 4 b4 (Evans Gambit). 4... Lxb4 5 c3 La5 6 d4 exd4 7 0-0 d3. Üblich ist hier 7... d6 8 cxd4 oder 7...dxc3 8 Sxc3; Dufresne wollte Sc3 für Weiß erschweren. 8 Db3 Df6 9 e5 Dg6. Falls 9...Sxe5 10 Te1 d6 11 Db5+ verliert Schwarz einen **Offizier**. 10 Te1 Sge7 11 La3 b5, ein **Opfer** für die eigene Entwicklung und eine Behinderung der weißen Dame. 12 Dxb5 Tb8 13 Da4 Lb6. Falls 13...0-0 14 Lxe7 ist der Springer c6 überlastet. Schlägt er auf e7, ist der Läufer auf a5 ungedeckt. 14 Sbd2 Lb7 15 Se4 Df5 16 Lxd3 Dh5 17 Sf6+ gxf6 18 exf6 Tg8 19 Tad1.

MATTSTELLUNG

Bei diesem 19. Zug mußte Anderssen das Ende der Partie mit allen Varianten exakt vorausberechnen. Von nun an drohte bei jedem Zug Dxg2 **matt.**

VIER LÄUFER
Die schwarzen Läufer stehen ideal, aber es reicht nicht, die weißen setzen mit Unterstützung eines kleinen Bauern **matt**.

ANDERSSENS MATTZÜGE

19 ... Dxf3. Der Vorhang geht auf über der Tragödie. 20 Txe7+ Sxe7. Bei 20...Kf8 bietet 21 Te3+ ein **Abzugsschach** und gewinnt die Dame. Variante: 20...Kd8 21 Txd7+ Kc8 22 Td8+ Sxd8 23 Dd7+ Kxd7 24 Lf5+ Ke8 25 Ld7 **matt.** 21 Dxd7+ Kxd7 22 Lf5+ Ke8 23 Ld7+ Kf8 24 Lxe7+ **matt.**

SCHACHSPIELEREIEN

Noch ist kein Meister vom Himmel gefallen!

Viele, die die Anfangsgründe des Schachs hinter sich haben, erliegen der Faszination dieses Spiels der unendlichen Möglichkeiten, die keinesfalls beliebig sind, die aber auch kein Spiel dem anderen gleichen lassen. Die meisten werden schon aus Zeitgründen kaum darüber hinauskommen, gelegentlich in der Familie oder mit Freunden zu spielen. Viele Schulen pflegen das Schachspiel, es gibt nahezu überall Vereine mit regelmäßigen Spielabenden, über die man sich im Telefonbuch oder beim deutschen Schachbund in Berlin informieren kann. Aber man kann seiner Leidenschaft auch ganz anders frönen.

FERNSCHACH

Es kann viele Gründe geben, mit einem Partner per Post Schach zu spielen, und dies kann besonders reizvoll sein. Jeder Spieler hat die Zeit, die er braucht, um sich seinen nächsten Zug mit allen folgenden Varianten in Ruhe zu überlegen. Und dann gibt man ihn per Postkarte, Brief, Fax, Computer oder auch ganz einfach am Telefon durch. Man hat Zeit, eine Wissenschaft daraus zu machen, aber wird sehen, daß es ein spannendes Spiel bleibt.

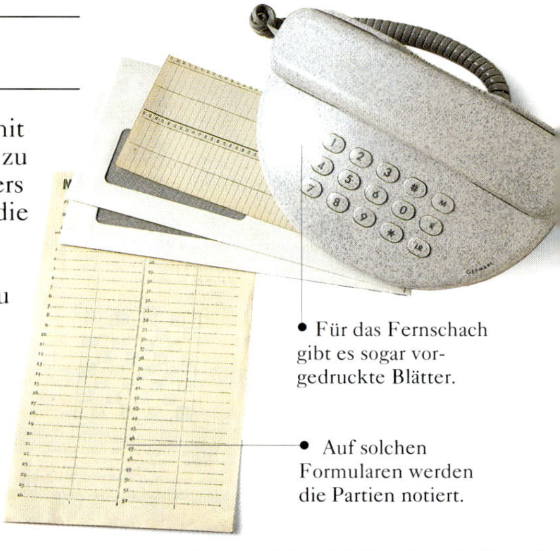

• Für das Fernschach gibt es sogar vorgedruckte Blätter.

• Auf solchen Formularen werden die Partien notiert.

TURNIERE

Wenn einen das Fieber gepackt hat, möchte man vielleicht seine Stärke gegen fremde Gegner erproben. Überall auf der Welt gibt es fortwährend Wettkämpfe auch für diejenigen, die gar nicht um die Weltmeisterschaft spielen wollen. Schachclubs organisieren so etwas, aber auch Kurverwaltungen oder Cafés und Kneipen. Man muß sich umhören und kann dabei neue Freunde finden.

PROBLEME

Wir haben in diesem Buch kleinere Übungsaufgaben mehrfach **„Problem“** genannt. Viele Zeitungen veröffentlichen dagegen regelmäßig Schachprobleme, die mit dem normalen Spiel nichts zu tun haben. Dabei handelt es sich um künstlich komponierte Stellungen mit Aufgaben wie „Weiß am Zug. **Matt** in zwei Zügen“. Das Kunststück besteht in den zwei Zügen!

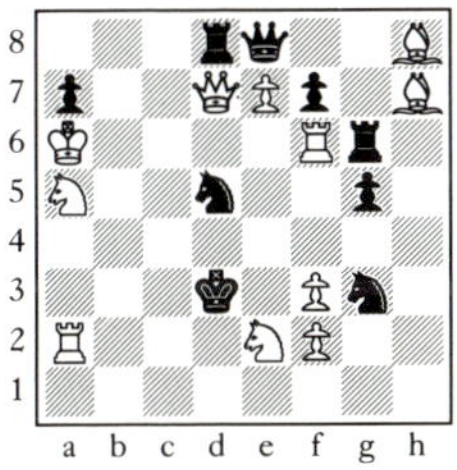

PROBLEM
Dieses Problem von John Rice wurde 1982 erstmals publiziert. Weiß am Zug und **matt** in zwei Zügen! Der Schlüsselzug ist 1 Tb6. Das Vergnügen liegt darin, die Funktion jeder Figur für das **Problem** und die einzige Lösung herauszufinden. Dies ist eine faszinierende Welt für sich.

SAMMELN

Man kann sich auch mit Schach befassen, ohne eine einzige Figur zu ziehen! Man kann Schachbriefmarken, -bücher oder -figuren sammeln.

Hier z. B. Postkarten mit Schachthemen.

Es gibt etwa 300 Schachbriefmarken.

SCHACHAUFGABEN

Anders als bei den **Problemen** sind solche Aufgaben, wenn auch konstruiert, normalen Spielsituationen – besonders Endspielen – schon näher. Es geht darum, aus scheinbar ausweglosen Stellungen doch noch einen Weg zum Sieg zu finden. Solche Aufgaben fördern das Spielverständnis. Diese hier stammt von Emanuel Lasker, 1890.

SCHACHAUFGABE
Remis ist kein Problem, aber wie kann Weiß gewinnen? 1 Kb7 Tb2+ 2 Ka7 Tc2 3 Th5+ Ka4 4 Kb7 Tb2+ 5 Ka6 Tc2 6 Th4+ Ka3 7 Kb6 Tb2+ 8 Ka5 Tc2 9 Th3+ Ka2. Die Überraschung folgt: 10 Txh2 Txh2 11 c8 = D mit Gewinn.

FIGUREN SAMMELN
Auch wenn es keine wertvollen Antiquitäten sein müssen, kann das Sammeln der unterschiedlichsten Schachfiguren Freude bereiten.

Französischer König

Islamischer Springer

Tiroler Läufer

Deutscher Turm

GLOSSAR

Aufgabe Wenn das Matt eindeutig in wenigen Zügen bevorsteht, pflegt beim Schach der Verlierer die Partie durch Aufgabe zu beenden. S. 44

Damenflügel Die Hälfte des Brettes, auf dem die Dame steht, also die a-, b-, c- und d-Linien. S. 35
• **Diagonale** Eine schräg über das ganze Feld jeweils von Rand zu Rand verlaufende gedachte Linie, auf der sich die Läufer und die Dame bewegen können. S. 15
• **Diagramm** Die bildliche Darstellung eines Schachbrettes mit Symbolen für die Figuren auf ihren jeweiligen Feldern, die zur Verdeutlichung von Stellungen häufig in der Schachliteratur vorkommt. S. 48 f, 86
• **Doppelangriff** Angriff einer Dame, eines Läufers oder eines Turms auf zwei in seiner Linie, Reihe oder Diagonalen hintereinander stehende Figuren des Gegners, die entweder ungedeckt sind, oder aber von denen eine wertvoller ist als der Angreifer selbst. Dabei entstehen häufig Fesselungen. Man kann auch die Gabeln von Springer oder Bauer als Doppelangriff bezeichnen. S. 62
• **Doppelbauern** Zwei Bauern einer Farbe auf der gleichen Linie, die zumeist nur beschränkte Möglichkeiten haben und deshalb als Schwachpunkt gelten. S. 76

En passant Die jeweils einmalige Möglichkeit eines Bauern, einen gegnerischen Bauern zu schlagen, wenn dieser mit seinem allerersten Zug zwei Felder vorrückt. S. 38 f
• **Endspiel** Die letzte Phase des Spiels, bei der nur noch wenige Figuren auf dem Brett sind. S. 72-75
• **Eröffnung** Die ersten Züge eines Spiels, die in einer Fülle von Varianten natürlich seit langem analysiert worden sind. S. 58-61
• **Erzwungene Züge** Züge, bei denen ein Spieler keine Alternative hat, weil er z. B. nur mit einem einzigen Zug aus dem Schach ziehen kann, oder auch Züge, zu denen es im Sinne des Spiels keine halbwegs vernünftige Alternative gibt. S. 80
• **Ewiges Schach** Wenn eine Partei in jedem Zug hintereinander immer Schach bieten kann, ohne den Gegner matt setzen zu können. Die Partie endet dann unentschieden. Wenn dabei dreimal hintereinander die genau gleiche Stellung entsteht, ist die Partie zwangsläufig remis. S. 47

Fesselung Der Angriff von Dame, Turm oder Läufer auf eine Figur, die nicht wegziehen kann, weil auf der Angriffslinie dahinter eine wertvollere Figur als der Angreifer steht, die andernfalls geschlagen werden könnte. In keinem Fall darf die gefesselte Figur wegziehen, wenn dadurch der König ins Schach geriete. S. 64
• **Freibauer** Ein Bauer, dem auf seine eigenen oder den beiden Nachbarlinien kein gegnerischer Bauer mehr gegenübersteht und der also freie Bahn zur gegnerischen Grundreihe hat. S. 78

Gabel Besonders der Springer oder auch ein Bauer können mit einem Zug gleichzeitig zwei Gegner angreifen.

Eine Gabel ist dem Sinn nach natürlich auch für andere Offiziere möglich. S. 62

• **Geschlossenes Spiel** So nennt man alle Spiele, die mit 1d4 beginnen. S. 58-61

• **Grundreihe** Die aus der Sicht jeden Spielers erste Reihe von links nach rechts, auf der die Offiziere stehen. S. 65

• **Grundstellung** Die Position der Figuren auf dem Brett, bevor das Spiel beginnt. S. 9

Isolierter Bauer Ein Bauer, der auf den Linien links und rechts neben sich keinen anderen Bauern der eigenen Farbe mehr hat, von dem er gedeckt werden könnte, liebevoll auch „Isolani" genannt. S. 77

J'adoube sagt der Gentleman im klassischen Schachfranzösisch, wenn er eine Figur nur geraderücken, aber nicht ziehen will. Man darf allerdings auch in jeder anderen Sprache seinem Gegner mitteilen, daß man diese Figur jetzt nicht ziehen will.

Kombination Eine Folge von taktisch geplanten Zügen, die häufig mit dem Opfern einer eigenen Figur zugunsten eines Vorteils verbunden sind. S. 67, 82

• **Königsflügel** Die Seite des Brettes, auf der der König steht, also die Linien e, f, g und h. S. 68, 76

Leichtfigur Läufer und Springer werden als die generell weniger starken Offiziere so bezeichnet. S. 54 f

• **Linie** Eine der acht senkrecht zwischen den Spielern verlaufende Abfolge von acht Feldern. Die Linien werden vom weißen Spieler aus gesehen von links nach rechts mit dem Buchstaben a bis h bezeichnet. Die Könige stehen z. B. in der Grundstellung immer auf der e-Linie. S. 15

Material Alle Figuren einer Farbe zusammen nennt man auch Material. Der Begriff wird zumeist vergleichend gebraucht, wenn z. B. eine Farbe eine Materialüberlegenheit, dafür aber vielleicht eine schlechtere Stellung hat. S. 54-57

• **Matt** Die geläufige Abkürzung für Schachmatt. S. 44 f

• **Mittelspiel** Die Phase des Spiels nach der Eröffnung vor dem Endspiel.

Notation Die Schreibweise für die Züge eines Spiels. S. 48 f, 85

Offene Linie Eine Linie, auf der kein Bauer mehr die Bewegungsmöglichkeiten der Schwerfiguren behindert. S. 70, 79

• **Offenes Spiel** So werden alle Spiele zusammenfassend genannt, die mit 1 e4 e5 beginnen.

• **Offizier** Dame, Läufer, Springer und Turm sind die Offiziere, nicht aber die Bauern. S. 16-19, 22-27, 54-57

• **Opfer** Wer sich eine Figur einfach schlagen läßt oder sie gegen eine geringerwertige abtauscht, opfert. Dahinter steht natürlich die Absicht, sich durch ein Opfer einen Vorteil zu verschaffen oder zumindest Schlimmeres wie z. B. ein Matt zu verhindern. S. 66 f

Patt Wenn ein König nicht im Schach steht oder sich selbst im nächsten Zug in ein Schach begeben müßte und statt dieses

Häufig wird ein umgedrehter Turm nach der Verwandlung eines Bauern als Dame benutzt.

verbotenen Zuges keine andere Figur in seiner Farbe mehr gezogen werden kann, ist die Partie patt, d. h. unentschieden oder remis. S. 46, 70, 72

• **Problem** Eine bei normalen Spielen kaum je auftretende, konstruierte Stellung mit der Aufgabe, ein Matt z. B. in zwei Zügen zu finden. In diesem Buch werden auch einige Übungsaufgaben „Problem“ genannt. S. 91

Qualität Man gewinnt oder verliert eine Qualität, wenn bei einem Abtausch von Figuren durch wechselseitiges Schlagen eine dieser Figuren einen höheren oder einen niedrigeren Wert als die andere hat. S. 55-57

Reihe Die jeweils acht Felder, die von links nach rechts waagerecht über das Brett laufen. Sie werden vom weißen Spieler aus gesehen von 1 bis 8 durchnumeriert. S. 15

• **Remis** Das Unentschieden. Bei patt, dreimaliger Zugwiederholung oder 50 Zügen, bei denen kein Bauer bewegt wurde (kommt unter vernünftigen Menschen nicht vor) sagen die Regeln: remis. Wenn keine Seite mehr Aussicht auf den Sieg hat, einigt man sich unter Partnern auf das unentschiedene Ende der Partie. S. 46

• **Rochade** Die einmalige Zugmöglichkeit des Königs über zwei Felder auf der Grundreihe, bei der gleichzeitig der jeweilige Turm auf die andere Seite direkt neben den König gezogen wird. S. 34 f

• **Rückständiger Bauer** Ein Bauer, der von keinem eigenen Bauern auf einer Nachbarlinie mehr gedeckt werden kann, weil er mindestens eine Reihe hinter seinen Nachbarn zurückgeblieben ist. S. 78

Schach Ein Angriff auf den König, aus dem er entkommen kann. S. 32, 42-45, 47, 70

• **Schachaufgaben** Anders als bei den „Problemen“ sind die Ausgangsstellungen von Schachaufgaben normalen Spielverläufen sehr nahe. Die Aufgabe besteht darin, eine trickreiche Lösung zu finden, die auf den ersten Blick unmöglich erscheint. S. 91

• **Schachmatt** Das Ende des Spiels, wenn der König im Schach steht und sich nicht mehr daraus befreien kann. S. 44 f, 65, 69, 73 f

• **Schäfermatt** Das kürzestmögliche Schachspiel, das sich allerdings nicht durch überragende Spielintelligenz von Weiß auszeichnet: 1 f4 e6 2 g4 Dh4 matt.

• **Schwachpunkt** Ein Feld in der eigenen Hälfte, auf dem sich ein gegnerischer Offizier postieren kann, ohne leicht von einem eigenen Bauern wieder vertrieben werden zu können. S. 79

• **Schwerfiguren** So bezeichnet man Dame und Turm, weil man mit ihnen allein im Unterschied zu den anderen Offizieren matt setzen kann. S. 54 f

Ueberlastung Sie tritt ein, wenn ein Offizier zu viele Aufgaben erfüllen muß, z. B. wenn er als einziger zwei eigene Figuren deckt, die evtl. beide angegriffen sind. S. 65

• **Umwandlung** Wenn ein Bauer die gegnerische Grundreihe erreicht, wird er genau mit diesem Zug in einen beliebigen Offizier, zumeist natürlich in eine Dame, umgewandelt. S. 40 f

Verbundene Bauern Mindestens zwei Bauern auf benachbarten Linien, die sich gegenseitig decken können. S. 77

• **Verdoppelte Türme** Die beiden Türme einer Farbe stehen auf einer Reihe oder Linie, decken sich gegenseitig bzw. greifen gemeinsam an. S. 70

• **Vorposten** Er ist das Gegenstück zum Schwachpunkt, also ein Feld in der gegnerischen Hälfte, auf dem man einen eigenen Offizier postieren kann, der nicht mehr durch einen gegnerischen Bauern angegriffen werden kann.

NÜTZLICHE ADRESSEN

Deutscher Schachbund
Breitenbachplatz 17–19
14195 Berlin
Tel.: (0 30) 8 24 99 01 · Fax: (0 30) 8 23 62 30

Abbildungsnachweis: Die Grundstellungen auf Seite 18 stammen aus „*Day's Collacon: An Encyclopaedia of Prose Quotations*". Die Situation auf Seite 91 wurde von John Rice 1982 in „*The Problemist*" veröffentlicht. Die Schachaufgaben auf Seite 91 stammen von Emanuel Lasker, 1890. Schwarz-Weiß-Illustrationen: Janos Marffy, Computerzeichnungen: Liz Wheeler, Foto zum Thema Turnierschach auf Seite 90 unten: Mark Huba.